The OWNER's CHALLENGE
store experience

NEW YORK 11118.1km

11.3km **KOBE CITY**

OLL DINER 000.1km

TOKYO CITY 416.7km

SHOP DECORATION

3 FLOOR oll deco Shop Decoration

DECORATION WORKSHOP

SHOP DESIGN
SHOP CONSULTING

2 FLOOR
OLL DESIGN

DESIGN OFFICE

KITCHEN
GUEST SEATING
DIGITAL SIGNAGE

1 FLOOR Oll Diner

RESTAURANT SPACE

Open the way
to the future!!

コロナ危機を生き残る飲食店の秘密

餐饮旺店就是
这样"设计"出来的

[日] 大西良典 著

尚晓佳 译

人民东方出版传媒

People's Oriental Publishing & Media

东方出版社

The Oriental Press

前　言

 仅靠改变设计就能成为人气店铺

"好时尚啊。虽然好看，却感觉不自在啊。"

"看起来很好吃……但总觉得有点儿让人望而却步呢。"

"这家店的氛围倒是不错，就是看不清里面什么样，不太敢进去啊……"

出差到陌生的城市，工作结束后饥肠辘辘地徘徊在餐饮街上，为选择哪家店而举棋不定——您是否也曾有过这样的经历？

在看到一家店铺的瞬间，人们心中往往会下意识地产生"正面感情"和"负面感情"。

正面＝"就进这家店吧"。

负面＝"这家店还是算了吧"。

被贴上正面感情标签的店铺就会生意兴隆，顾客络绎不绝。

与之相反，被贴上负面感情标签的店铺则门可罗雀，经营难以为继。

我将其称为旺铺和衰铺的"正面·负面法则"。

区分正面和负面的决定性差异就在于店铺的"设计"。

因为店铺整体的空间设计，包括店铺招牌、外观、店内装修、餐位、后厨以及动线等等，都包含着决定一家店铺能否生意兴隆的关键要点。

然而，事实上很多人并没有意识到这一点。

本书将在我亲身参与过的店铺设计工作的海量真实数据基础上，为您揭开设计的秘密，提高集客率·周转率·竞争力·收益性，打造一家旺铺。

"为什么一改变设计，就能成为旺铺并能在新冠肺炎疫情危机中立于不败之地呢？"

这一问题的答案全部写在这本书中。

不过，不同于一般的通识性教材，本书的原创色彩浓厚。

"咦？！那家店铺的设计竟然变得这么新颖了？！"

"原来如此，这一设计的灵感可以借来一用！"

本书充满了这种具有原创性的专业经验和创意。从事与店铺设计及店铺经营相关的各位人士，敬请垂阅。

作为连锁店设计日本第一的设计师所 教授的排队营销理论

我经营一家主要为餐饮行业提供服务的设计公司。

迄今为止,我从事国内外连锁店的设计工作已有 20 多年。

虽然我本人没有一流的学历背景,但从 20 多岁进入这一行起就作为设计师在实践中不断锤炼,一路走到今天,现在自诩取得的成绩称得上是日本第一。

迄今为止,我提供过设计服务的客户有——株式会社吉野家控股集团(吉野家)、株式会社 ZENSHO 控股集团(食其家(SUKIYA)、中卯(NAKAU)、COCO'S、Big Boy、HAMA 寿司、株式会社 TORIDOLL 控股集团(TORIDOLL)、株式会社 ANTOWORKS(SUTADON、Denver Premium、垚久好)、AR-CLAND SERVICE 控股株式会社(KATSUYA)、株式会社 GOLIP(Gottie's BEEF、GYUKATSU 京都胜牛)、株式会社 MOS FOOD SERVICES(MOS BURGER)、株式会社 FRESHNESS(FRESH-NESS BURGER)、SKYLARK 集团(SKYLARK)、SATO FOOD

SERVICES 株式会社、千房株式会社（千房、PRESIDENT 千房）等。这些都是日本餐饮行业的头部企业。

以上这些只是以往所取得的成绩的部分体现，比如位于西日本的"中卯"有约 500 家店铺，我参与了其中大部分店铺的设计工作。

此外，当我还在 ZENSHO 控股集团公司任职时，曾负责过"食其家"等 300 多家店铺的设计监理工作。

各位或许也曾造访过我所设计的牛肉盖饭店吧？

"吉野家"的现任社长河村泰贵先生曾这样评价我道："大西君是最了解牛肉盖饭店的男人。"也正是河村社长肯定了我丰富的实战经验并指定由我来设计"黑色吉野家"。这家店铺后来还受到了媒体的广泛关注。

承蒙日本各头部餐饮店企业集团的厚爱，指定由我来负责设计工作，对此我深感荣幸。

我曾参与设计的不仅有日本的餐饮连锁店，还有很多国内外众多不同业态的店铺。比如中国的"味千拉面"等大型餐饮连锁店以及当地的"罗森"等 14 家便利店，还有服装店、美容院、超市、购物中心等，除此之外我还参与了阿里巴巴旗下百货店的内部装修设计工作。

在本书中，既有使原本条件极其恶劣的店铺奇迹般地起死回生并广受好评的案例，也有因拘泥于自我满足般的设计审美观点而与工匠师傅大吵一架的小故事，还有日本国内被人们熟知的便利店在海外凭借全新设计而大放异彩，并实现营业额提升至120%的案例。

本书将结合我实际经手过的店铺设计的各种具体案例，向您详细介绍如何通过设计进行集客的策略。

顺便一提的是，不知各位是否曾思考过这样的问题：为什么牛肉盖饭店的招牌是橙色的呢？其实，此处也运用了旺铺的法则。

面对新冠肺炎疫情也能逆境求生的"土酷" 法则

一提到"设计"，人们往往会认为它是指"使外表变得美观"的意思。

然而，我的设计所标榜的则是"土酷"。

我所提倡的土酷是指，不仅外表看起来美观，还将营销和功能性，甚至性价比都考虑在内的一种多元的设计。

这是我在众多的店铺设计过程中，不断总结失败教训而得出的一个实际效果极其明显的方法论。

在后疫情时代，一家店铺如果单凭高冷和美观是很难生存下来的。

在现在这个竞争激烈的时代，想要打造并维持一个令顾客、员工和经营者三方都满意的旺铺，必须具备一种多元视角下的设计思路。

本书将向您介绍符合后疫情时代的店铺设计的趋势及新业态的相关情况。

其实我本人就遭遇了店铺刚开张不久就遇上新冠肺炎疫情

的严峻事态。

这就好像是意气风发地扬帆出海之时，突然遭遇惊涛骇浪。

这家店虽然在开张之初，仿佛于风浪中航行的小船一般颠簸不断，但现在则每月进账盈余，保持着良好的发展势头。

究竟采用了怎样的方法才将这场危机转变为机遇的？

本书也会为您详细讲述这场精彩的脱困记。

一说起打造生意兴隆的旺铺的理论，各位或许会认为它是特指店铺经营方面的内容，而对于从事不同行业的各位商业人士而言，也应该会从这些内容中受到一些启发。

本书的立意在于，在各行各业因新冠肺炎疫情肆虐而面临着严峻生存危机的当下，应该如何化不利因素为有利因素，走出当前困境。

我本人在成立设计事务所之前，曾做过一段时间的上班族，后来经历了公司破产、失业、重新投简历应聘等人生的起起落落，一路走来披荆斩棘。

如果这本书能给那些同样身处逆境而奋力拼搏的经营者及商业人士带来些许启发，从而打开眼前迷局，走出制胜一步，我将深感荣幸。

目　录

第 1 章
那家店为何能在新冠肺炎疫情的
冲击下仍然实现盈利?

第2章

拥有莫名吸引力的店铺的秘密

第 3 章

门庭若市的店铺有一条 "土酷" 法则

第 4 章

牛肉盖饭店的招牌为何是橙色的?

第5章

"土酷"地立于不败之地！

第 **1** 章

那家店为何能在新冠肺炎疫情的冲击下仍然实现盈利?

餐饮店倒闭数量创历史新高的3个原因

开篇就谈到消极的话题虽非出自我的本意，但是 2020 年的这场肆虐全球的新冠肺炎疫情，确实给许多行业的经营带来了毁灭性的打击。

其中，餐饮业的损失最为惨重，餐饮店的倒闭率创下历史新高。

即使是直到前几天为止都还一直生意兴隆的店铺，如今也陷入难以为继、关门或破产的境地。

这些店铺的经营陷入难以为继境地的原因主要有 3 个。

"第一个原因"是店铺的固定成本问题，如店铺租金、人工费及水电煤气费等。当收入急剧下降时，店铺仍然要面临这些费用支出的沉重压力。

餐饮行业原本就属于利润率较低的行业。假设一家餐饮店每月的营业额为 1000 万日元，扣除固定成本后，净利润率不过在 5% ~ 15%。

如果店铺的地理位置优越，比如闹市区的街头，租金也会水涨船高。即使降低临时工等人工成本，店铺背负的固定成本也无法轻易减少。

"第二个原因"是，店铺开业时所投资的内部设备的折旧费用。

不仅是从零开始创业的店铺需要装修，即使是接手转让的店铺，也需要给店铺重新装修，而且花费的成本越高，折旧费用也越高，从而导致资金周转出现困难。

"怎么会变成这样，开店的时候连想都没想过……"

为此而烦恼的经营者应该不少。

身为一名设计师，我比一般人更能理解店主对店铺内部装修的那份执着。

"吧台必须用货真价实的木头！"

"这堵砖墙不用什么俗气的仿砖壁纸！"

"这本菜单的设计要更好看才行！"

对自己的店铺感情越深，就越发执着。

不过，**只有极少数的顾客会意识到这份执着**。

顾客只会在店铺停留有限的时间，而且大部分都用在了吃饭和聊天上。没有顾客会耐心检查墙壁所用的材料，或者长时间地观察菜单设计。

即使不在店铺的设计上花费过多的成本，也可以在营销和设计上下功夫，来提升店铺的形象。这样的方法有很多。

店铺形象提升后，可以使店里的营业额从 1 亿日元增加到 2 亿日元，或者让回头客从 500 人增加到 1000 人。

"第三个原因"是，各家店铺的价格竞争所导致的精力消耗和收入下降。

现在人们都逐渐变得不愿意外出就餐，访日游客也骤减，店铺生意日渐冷清。因此，即使店铺想要走薄利多销的路线，也只能获得极低的收益。

即使存在上述 3 个严峻问题，也可以通过改变店铺的设计来提高收益。在本章中，我将结合餐饮店的失败和成功案例，找出各种问题的症结所在，并探索通过设计实现收益增长的可能性。

那家店铺在新冠肺炎疫情的冲击下实现盈利的原因

在越来越多的店铺因新冠肺炎疫情的肆虐而倒闭的当下，也出现了收益大幅上涨的店铺。

其中，"麦当劳（McDonald's）"和"肯德基（KFC）"尤为引人注目。

二者成功的原因在于，面对以家庭为主体的外卖需求不断增长的市场现状，全面推出了面向家庭的外卖产品，因而受到市场上家庭客群的青睐。

可能有人会认为，因为它们二者是有名的快餐连锁店，所以这不过是偶然沾了疫情期间特殊需求的光罢了。但正因为它们有名，才没有必要成为特殊需求。

麦当劳和KFC的收益之所以上升，是因为它们一直以来给顾客的印象是与店名绑定在一起的**"打包方便""味道熟悉的安心感""价格合理"**等。

麦当劳的主要特色一直都是面向儿童提供套餐和服务，所采取的营销策略是，从孩子的童年开始就培养他们对麦当劳的依恋感。

疫情发生之后，人们都自觉尽量减少外出活动的时间，而在此期间，有一个视频在海外网站引起轰动。内容是，一个蹒跚学步的孩子因太想吃麦当劳的汉堡薯条套餐而号啕大哭。这可以说是印象营销的一个突出案例。

另一方面，肯德基在快餐食品里给人以价格较贵的印象，但它推出的一枚硬币就能买到的优惠套餐极大地刺激了消费需求。

此外，这句"你今天不吃肯德基吗?"的广告流行语，可以说成功吸引了家庭客群。

这并非仅仅因为它是一家全球有名的连锁企业，才实现了需求增长，而是它凭借努力、精准定位顾客需求的结果。

本书第 141 页将会为您详细介绍的一个案例是"吉豚屋（KATUSYA）"，这家店铺在 2020 年 7 月的业绩同比增长约 107%。

这背后有其快速增加了外卖菜单的原因，但我认为它的成功在于受到了"吉豚屋"的店内装饰设计的影响。

"吉豚屋"的店铺内部装饰设计没有刻意使用时髦的材料，

而是采用了表面光滑、易于清扫的材料。因此，尽管它是一家油炸食品店，但也总是保持着店内的清洁卫生。

较之时尚的设计，这家店铺更注重的是清洁感和卫生感。

在新冠肺炎疫情蔓延的形势下，**较之于"时尚感"**，顾客更希望餐饮店具有**"清洁感"** 和 **"卫生感"**。

因此，像"吉豚屋"这样的店铺，将"干净门店"的形象根植于顾客脑海中，仅凭这一点就获得了巨大优势。

顾客的真正欲求是什么?

在外卖食品这一方面,烤鸡肉串和中餐等都受这次疫情影响,出现了需求上涨的现象。它们的共同点为,都是人们想吃却又不想在家里做的食物。

虽然加把劲儿也不是不能在家里做,但眼下的实际情况是,为了响应政府提出的少出门的号召,家人的一日三餐顿顿都得亲自下厨,主妇们自然就不会考虑那些做起来费时费力的饭菜。再加上这类食物的气味重、油污收拾起来很麻烦,因此人们都尽量回避。这么做也是人之常情。

为了满足想把这类麻烦事外包给专业人士的顾客的需求,烤鸡肉串等外卖菜单因此应运而生。

关键在于,不是"想卖什么",而是"顾客想要什么"。

解读市场的深层心理,根据实际情况把握顾客需求,这样才能实现逆势上扬。

为了使自家的外卖服务迅速吸引顾客注意，店家需要在自家店铺的网站主页和 SNS 上进行宣传推广。

现在高级餐厅的外卖服务也在急剧增加。高级餐厅的稀缺性在于，它拥有在别处品尝不到的美味。因此，我认为它在进行网络营销时，通过凸显其"特别感"和"限定感"，就能像人气店铺所提供的年节料理那样，实现销量增长。

如果让我来设计，我还会加上一些小心思，比如提供和外卖食物相配套的高级桌布，这样顾客在自己家里用餐时也可以享受到高级餐厅的氛围。

1秒即可宣传外带食物的3件法宝

想要在实体店面吸引顾客对外带食物的注意，有 3 件物品效果很好。

第 1 件是 A2 大小的"海报"。

海报上写有"可以外带""外带 OK"的字样，再附上外带菜单的图片和价格，张贴在店面最明显的地方就可以。

需注意的地方是，**"外带"、"烹饪"和"价格"**这 3 个基本要素，为了让顾客 1 秒就能看到，要采用**"鲜明的大字体"**和**"简洁明快的设计"**。

第 2 件是"招幌"。

请在招幌上面用大字标明"外带 OK"，并挂在店铺门口显眼的地方。招幌会随风摆动，即使放上详细的文字信息，也不好辨认。

和海报一样，为了使人看到后**1 秒就能理解内容**，设计上请采用**"鲜明的大字体"**和**"最少的字数"**。

另外，受疫情影响，招幌需求激增，库存紧张，建议您提前准备好。

第 3 件是"传单"。

B5 纸大小的传单上，一目了然的是紧凑的外卖菜单插图和价格，以及店铺信息。它要放在店铺门口最显眼的地方。

旁边还要醒目地附上"请自由取走"的引导性文字。

可能有人会想，如果张贴的海报或者招幌上面的"外带"字样与价格的字体很大，好看的店面外观就会大打折扣，还是算了吧。

当然，如果是随处可见的海报或招幌，那还是不要拿出的好，那样店铺看起来更洗练些。

但如果只是执着于店铺的美观而什么都不做，就别指望能招揽顾客。

采用上述 3 件物品的目的只有一个，那就是让外带服务实现"众所周知"、"招揽顾客"和"提高销量"。因此，敢于选择接地气的设计或外观也是一种策略。也就是说，从结果来看，**比起"无用的美观"，选择"既有用又美观"** 更能受到顾客欢迎。

事实上，以上 3 件物品都实际摆放在我经营的店铺里，相关介绍会在后文展开。

　　早在疫情肆虐之前，我就未雨绸缪，准备了这 3 件物品，并得益于此，靠宣传外带服务吸引到附近居民，从而直接带来了营业额的提高。

将疫情危机转变为机遇

在本书开头我曾介绍过，今年春天我的店铺刚一开张，就被卷入了新冠肺炎疫情的危机。

走出这场危机的详细经过，包括刚才介绍的 3 件物品，将会给各位带来应对疫情的诸多启发，请务必以此作为参考。

我开的店铺名为"DESIGNER SUBARU OLL KITCHEN"，位于我在兵库县芦屋市经营的设计公司 OLL DESIGN 所在办公楼的一层。

它最初是员工食堂和会议空间，我发挥自己打造店铺的经验，把它作为一种实验性质的餐厅来经营。

从 2019 年起为开店做了各种准备工作，2020 年 3 月只开放午餐时间，并预定于 4 月 1 日隆重开业。

然而，与此同时，新冠肺炎疫情在继续蔓延。到了 3 月底的时候，在大阪梅田和难波等商业街，许多店铺都暂停营业。在这种情形下，我自然也不能让自己店里出现聚集性感染。

于是，我取消了新店开业庆典活动，以及那之后一个月的餐位预约。

在过去十年里，我每年都开 60 到 100 家门店，但老实说，这一次我感到从未有过的困惑。于是，我开始拼命思考各种办法，试图找出克服这场危机的良策。

首先，由于店铺位于芦屋的住宅小区，所以我**紧急开发出了面向家庭的外卖菜单**。

疫情期间人们自我约束，外出娱乐活动减少，由此我想到充满趣味性的菜单可能会受到喜爱，于是就制作了墨西哥玉米卷饼派对套餐。这是一款可以像手卷寿司那样品尝的外带食品，在装盘上下了一番功夫，适合摆拍上传到社交网络晒照，还可以添加副菜。

这里要注意的是，**菜单是由手绘插图展示的**。与照片相比，虽然手绘图片有所失真，但会给人留下看起来很美味的印象。

人们看到真实的照片，头脑中的形象就会固定住，当发现实物与照片稍有不同时，就会产生一种违和感，觉得"实物的酱汁颜色是茶色，与照片不符"。

然而，如果菜单是图片，人们就会在脑中展开想象，认为"或许是这种感觉吧"。因此，即使想象与实物有所出入，也会在心理上接受。

"FRESHNESS BURGER"以前也是手工绘制菜单，产生了同样的心理效果。

顺便一提的是，当起源于美国的"Taco Bell"进军日本市场时，由于当时人们对玉米饼这种食物感到陌生而没有普及开来。

然而，**受到这次疫情的影响，在外出减少的这段日子里，人们反而会极度渴望一种非日常的体验**。所以我就想到，或许可以在趣味性上赌一把，即举办按照个人喜好定制玉米饼的聚会。

OLL KITCHEN的菜单上，面向丁克族，以及父母和孩子的"用玉米饼开派对"。菜单采用插图形式欢乐地呈现料理。

　　果然和我预期的一样，反响热烈，很多有孩子的家庭每天都前来购买。

　　得益于此，一度面临开业即失业危机的店铺，现在每个月都能获得 100 万日元的进账。

　　我原本的计划是，店里白天提供午饭套餐搭配沙拉自助，晚间则以丰富多彩的菜单为主，以此来提高营业额。没想到凭借灵机一动采用的外带菜单，就成功地**将危机转化为机遇**。

让新店铺顾客盈门的手段

有人可能会觉得很不可思议，认为——"你说灵机一动采用了外带菜单并收效甚好，我倒是能理解。但店铺刚开业，周围的居民还感到很陌生，又如何能够招揽到众多顾客光顾呢？"

新开业店铺的揽客手段中，最不能忽略的就是店铺外观给人带来的感觉。

外观设计的关键在于，**开放式的入口以及从外面看清店铺内部环境的高可见性**。

我的店铺位于住宅区路面上，透过双层玻璃窗，店内清晰可见，入口处也营造出一种开放式的氛围。

我想大家可能都有这样的心理，即作为顾客，对于一家从未到过的店铺，如果看不清楚里面的样子，就不太敢进去，是吧？

但是，如果顾客能看清店内的环境，就会感到放心，即使是第一次来，也能轻松进店。

第 2 章将更详细地为您说明如何解决这类店铺门脸的问题。

照片左：开放式的"OLL KITCHEN"的一面玻璃的入口

下："OLL KITCHEN"的外墙。描绘路标的方式，起到诱导视线的效果

在店铺侧面的外墙而非正面墙壁上，也画有涂鸦，这让人联想到海外的街角景致。

这样做的目的是，当路人从 10 米开外的人行横道走过时，也能注意到这里，并在心里想："那画的是什么呢?"只要采取能引人注目的手段，人们自然会靠近。

走近后，人们会发现在墙壁上有一幅写有"NEW YORK 11118.1km"的路标指示图。

虽然不是徒步或驱车从芦屋的十字路口去 NY，但**人们一看到路标或标识，目光自然会被吸引过去。**

特别是，在城市生活的人有这样一种习惯，即他们不会主动去看那些一字排开的广告牌，而像路标之类的信息则会积极主动地获取。

这里正是利用了都市人的这种习惯，将他们的视线吸引到店铺的墙壁上。

此外，满墙的涂鸦艺术在社交网络上获得好评和关注，在墙壁前拍照打卡的人将照片发到 Instagram 上，会引发口碑效应，从而提高店铺的知名度。

此外，这也有助于让附近的居民联想到"说的就是有那面涂鸦墙的店呢"，从而产生一种亲切感。

店铺的信息，如菜单和营业时间等，也采用传统黑板艺术的方式，用手绘表达。受疫情影响，店铺营业时间可能会发生变化，因此决定根据实际情况灵活进行调整。

这面外墙和菜单等的手绘艺术，都是由我和公司内部的设计人员绘制的。

通过把这种手绘艺术纳入店铺设计中，即使不再花费任何成本，也可以**不经意地营造出带有人情味的宾至如归之感**。

诚然，在后疫情时代，我们会把令顾客"感到放心"放在首位，店里为此采取了严格的防疫措施。

第 2 章将为您详细说明店里正在采取哪些措施。

为何那家店铺经营不善？

有的店铺看起来很有人气，结果业绩却增长缓慢。

我这里完全没有贬低其他店铺的意思，只是想通过探讨其经营不善的原因，以此为启发找出改善经营状况的手段。

自 2011 年以来，"东京 CHIKARA 饭"的店铺数量急剧增加，甚至一度让人以为它会赶超人气牛肉盖饭连锁店。

但在我撰写本文时，其店铺数量急剧下降，现在已经不到一成。

我分析其原因可能在于，它的店铺大多开在往建筑物里面走几步或者要爬上两三级台阶才能进入的地方，而不是在路边。

以 10 分钟就能填饱肚子的烤牛肉盖饭为经营理念的店铺，**开在路边才是不可撼动的准则**。

此类店铺的目标受众是那些忙碌的商业人士，这些人哪怕是进店之前多走几步或者再爬上几级台阶，都会觉得很麻烦。

高档饭店则往往开在摩天大楼的最上层，在拾级而上的过程中, 在满心的期待下, 人们的心情会越发高涨。相较之下, **10 分钟就能解决午饭的店铺, 就算只有两三级台阶, 也会让人觉得麻烦。**因此这是**店铺设计上的大忌。**

同样, 2011 年左右, 我们在上海的高档购物区推出了健康型便当送货上门服务。

当时正是 "TANITA 食堂" 在日本开始流行的时期, TANITA 便当尤其受健康意识较强的女性青睐。

然而, 彼时的中国正处于泡沫经济最盛期, 奢侈的菜肴更受欢迎, 健康型便当没有市场。

不过, 现在的中国可能也出现了这一需求。

令中国人在日本掀起一股爆买风潮的人气商品——马桶盖, 其实早在 2006 年就出现在中国的大型超市 "家乐福" 里, 但据说当时根本无人问津。

其原因也是推出的时机为时过早, 没有与当地需求紧密结合。

正是由于前期**市场调研不足,** 才导致店铺连锁业务进展不利, 没能扎根于当地。

因此, 如果在不了解当地需求的情况下就盲目开展店铺运营, 是绝对无法取得成功的。

海外连锁店在日本成功的策略

大型墨西哥玉米卷饼连锁店"Taco Bell",在美国是比 KFC 还受欢迎的墨西哥式快餐店。

只要看到把紫色作为强调色的 logo 标志,就知道是"Taco Bell"店铺,而且店内装饰风格炫酷,设计本身一点儿也不差。

然而,"Taco Bell"从 2015 年起进军日本市场后,在日本各地开了很多分店,却未能被市场接受,最终败下阵来。

我认为其原因可能主要在于,日本人与美国人不同,没有吃墨西哥玉米饼的习惯,而且就其快餐性质而言,单价定得又有些过高。

如果由我来设计的话,会首先和大型便利店联手,提升顾客对"Taco Bell"商品的认知度以后再开店。

首家店铺最好的选址是,涩谷或新宿等的商业街黄金地段,这里聚集了年轻人,他们是"Taco Bell"的目标客群。

因为旗舰店就是所谓的"广告塔",所以我将品牌颜色为紫色的 logo 标志设计得令人印象深刻。

　　由于紫色是日本的连锁店未曾使用过的色彩，所以它在街头的视觉效果尤其明显。在车站前或十字路口，也立起几块紫色的户外招牌做宣传，自然会提升顾客对门店的认知度。

　　即使是不经意的一瞥，那抹紫色也会停留在人的潜意识里，并且让人无意间想去追随留在脑海中的印象。我将此种心理作用称为**"潜意识效果"**。

　　只要在周边地区放上几块紫色的"Taco Bell"招牌，就可以期待它使人产生一种想要品尝一下的效果。

　　为了提升店铺的品牌形象，不仅店铺的空间设计，整条街道的空间设计也要纳入视野进行考虑。

　　与"Taco Bell"同样起源自美国的三明治连锁店"赛百味（Subway）"，也在20世纪90年代进军日本，然而近年大批撤出日本市场。

　　"赛百味"给人的印象是，可以按照顾客个人口味的喜好进行食材的搭配加工，可以摄入充足蔬菜的健康型食品。但最为关键的第一步，即面包片的材质，不太合乎在意口感的日本人的口味。我认为，或许这是它在日本遇冷的原因所在。

　　此外，令人感到可惜的是**它的玻璃橱窗（商品展示架），没有展现出蔬菜本身的五颜六色之美。**

　　如果让我来设计的话，我会把它打造成一个以黑色为基调的厨房，这样可以衬托出水灵灵的生菜的绿、红辣椒的红以及洋葱的白。

同样也是来自美国的"31 ICE CREAM"，我曾给它设计过几家店铺，但由于该公司规定 logo 标志的设计及店铺的主角——冰激凌的玻璃橱窗都要沿袭他们本国的设计，所以没能实现太多形象上的改变。

如果能在设计上做出较大的改动，我会把它的 logo 标志设计成可爱的风格，专门吸引作为目标受众的日本 10 到 20 岁年龄段女性的注意。我还会把玻璃橱窗设计成像"旭山动物园"或"Sunshine 水族馆"的展示窗，因为在这两个地方可以从意想不到的角度享受到观察白熊和企鹅的乐趣，如果能这样从一个意料之外的角度展示冰激凌，或许就可以带给人不同于以往的新鲜感。

备受海外市场喜爱的设计，与日本国内所青睐的设计当然会有差异。

坚守本国品牌固然重要，然而若想在日本打开市场，就必须采取灵活的态度，改变原有设计以符合日本人的喜好。

顺便一提的是，我在海外开店时，不管是何种业态的店铺，都会悉心听取当地员工的意见，而且一定会采取符合当地需求的设计或者插图。

　　我不会和他们说"要遵守日本的规则"，将日本的规则强加于人。

　　我想说的是，越是来自海外的店铺，就越要做到**"入乡随俗"**，因为**这才是通往成功的捷径**。

要开一家店，得看百家店

早些时候，当我考虑在中国开一家日本料理连锁店时，一位负责人说："这条街人流量很大，一定生意好。"

然而，当我在实地考察了街上行人的平均工资后发现，消费能力与店铺所定单价相去甚远。

无论人流量多大，如果与当地市场脱节，开店就无法赢利。

在进行调研时，不仅要看到事物的表面情况，还应该**从受众偏好和平均工资等不同角度进行营销**，以制定适合受众群体的价格并进行设计。

如果我在那条街开店，我会调查当地目标受众的平均工资，开一个可以让顾客放心且价格公道的日式炸鸡店或油炸食品店。

店铺入口设计呈开放式，店面的玻璃橱窗会让走在街上的行人一目了然，并醒目地标出价格，如"1 个 10 元"等。

我特意将店铺设计成平民风格，并**以"亲切感"、"轻松自**

在"和"有亲和力"作为卖点来吸引当地居民。

常言道:"如果要开一家店,先要参考附近的 100 家店。"

附近有什么样的店,什么样的店生意好,什么样的人是常客?这类营销调研的积累必须体现在设计中。

从那时起,每开一家店铺,我都必定亲自考察所在地区的情况,把自己在多次细致的调研过程中所注意到的想法都落实在设计中。

设计再美但不赢利，无非是一种自我满足

事实上，我年轻时曾作为合伙人，在兵库县西宫市的住宅区开过一家高档中餐馆，目标受众是高收入群体，最后却经营惨淡，以失败告终。

店铺设计为统一的洗练简洁的现代风格，仅提供单点菜单的套餐。我当时把事情想得过于简单，以为"如果打造一个符合自己喜好的时尚美观的店铺，顾客就会络绎不绝，生意兴隆"。

然而，等到了开业才发现，来享用午餐的贵妇们往往久坐不走，导致餐位周转率极低。

当时，我为"中卯"做了很多设计。在"中卯"，即使客单价仅为1枚硬币，一个月内的营业额也能达到1000万日元，这种商业模式在他们看来是理所当然的。

因此，我预估如果自己开店，每月1000万日元的营业额应当不成问题。结果每月只有150万日元左右。

如果店铺只是外观设计好看，却无法赢利，开店只不过是一种自我满足。

当时我深刻地意识到，如果**一家店铺只是单纯有好看的设计，是难以为继的**啊。

善于从与合作伙伴的闲聊中了解行情

在当今的信息化社会，新冠肺炎疫情冲击带来的急剧变化不言而喻，时代的洪流正在以远超出想象的速度向我们涌来。

时代需求也随之愈发呈现出多样化的特点。

当然，商店也需要做出相应的改变。

一旦开店，诸如位置和建筑物等硬件条件虽然无法轻易变动，但可以灵活改变内部装饰和服务等软件条件。

然而，大型连锁餐饮集团的员工或餐饮店老板，容易囿于与自身利益直接相关的店铺，而**难以注意到其他商店和周围环境，因此往往视野狭窄。**

结果，自以为是而无法应对时代的变化。

我本人过去也曾是一名大公司的员工，彼时日本正迎来第二次外出就餐热潮的最盛时期，我每天为连锁店的开业高峰忙得不可开交。这些连锁店包括"中卯"、"食其家"、"萨莉亚（Saizeriya）"、"牛角"、"CURRY HOUSE CoCo 壹番屋"、"Doutor

Coffee"、"Mister Donut"、"大户屋"和"松屋"等。

让我意识到自己视野局限性的是在一次**与合作伙伴的聊天中，他从事的是保安和有线设备等的业务**。由于在工作中会接触到各种店铺的设备，所以他们非常了解各家店铺的内部实际情况。

日本麦当劳的创始人藤田田先生曾说过，当与出租车司机进行攀谈时，他会从搭载过五湖四海的顾客的司机那里获得意想不到的信息。我的情况与之类似。

如果要调研其他店铺的信息，请一定与出入这些店铺的合作伙伴聊聊天。

拉面馆的门帘破旧不堪，为何却能存活下来？

有些店铺虽然外观朴素得令人咋舌，却在这场疫情冲击下幸存下来。这类店铺以老式拉面馆和烤肉店为代表，有着忠实的常客客源。

它们有的门帘完全褪色破损，有的仍旧保留着昭和时代的内部装修，但都有一个共同特点，即门前总是排着长队。

乍一看，它们明明给人一种落后于时代的质朴气息，却为何能在这场危机中屹立不倒、坚挺地存活下来呢？

其原因是，顾客的胃口已经被它们店里的菜品牢牢地抓住了。所以，即使受疫情影响，客流暂时有所减少，但常客肯定会再次光临。

喜爱这类店铺的常客心理，与御宅族或粉丝心理非常接近。

常客会频繁地去自己心仪的店铺，**每日品尝店里的菜品已经成为他们生活方式的一部分。**

这类店铺的回头客口碑又会吸引来新顾客，因而不需要在宣传或内部设备上投入太多资金。所以，即使它们的外观再怎么不显眼, 也不会倒闭。

它们还有一个共同点。

那就是, 不论店铺多么质朴, **厨房布局都采用了高效的动线设计**。

在烹饪过程中, 大厨的动作如行云流水般干脆利落, 还兼顾到清理工作。而且, **厨房设备虽然老旧, 但所需物品罗列整齐, 连角落里都打扫得干干净净**。

如果厨房设计具有高效性、功能性, 更易于打扫, 因而即使老旧也能保持卫生。

如果这类店铺不得不翻新改造, 关键是要保留那股令常客眷恋的旧日里的怀念味道, 而不是一味求新。

当连过时的土气也成为常客所喜爱的熟悉味道时, 它也就成了一件了不起的 "武器"。

因此, 对于一家店铺独有的武器, 要加以充分利用才是明智之举。

上流精英所钟爱的一流店铺与明星店铺的本质区别

位于高级酒店顶层的餐厅或摘得米其林星的一流餐厅，即使遭遇新冠肺炎疫情这样的危机，待风平浪静后，客流量也必然会回升。

实际上，此类一流餐厅与前文所述的不起眼却受欢迎的拉面馆，有一个共同的地方。

那就是，两者的定位虽然正相反，但在"有稳固的粉丝基础"这一点上非常相似。

前文介绍过，拉面馆的粉丝就是被那家店的美味俘获的有御宅族特点的常客，一流餐厅的粉丝则是对美食要求颇高的上流阶层顾客。

受上流人士喜爱的一流餐厅，**无论店内氛围还是菜肴品质，都具有独一无二的原创性**，因而才使顾客迷上那家店所独有的美味和氛围，并时不时地再次光顾。

然而，即使同是粉丝，扎堆到人气明星开的明星餐厅的粉丝特点也并不相同。

前来所谓明星餐厅的人,终究不过是艺人的粉丝,而不是那家店铺的粉丝。

听说哪位明星开了店,粉丝就会纷纷前去捧场,哪怕去过一次,也会为打卡成功而感到万分满足。

既然去多少次也未必会遇到心仪的大明星,所以也没有必要做回头客。

况且,明星还是以演艺活动为主业,店铺打理大抵都是委托别人。以至于留给顾客的印象是,明星以名气为噱头,对店铺似乎不那么上心,而且不可否认地给人一种在做副业的感觉。

对于明星餐厅,除了明星粉丝以外的路人根本不感兴趣,因此,如果粉丝回头客不光顾,就会逐渐冷场。

曾有过一个时期,很多明星店开在景点等处,因而受到热议,而这类店铺大多如过眼烟云。

像以上两类店铺,一类试图凭借艺人名气招徕粉丝,另一类以真正的美味与氛围来牢牢吸引粉丝,二者背后是完全不同的生意经。在考虑商业稳定性的时候,必须提前紧紧把握住这一围绕粉丝的经营策略的差异。

如果我来打造人气明星店铺的话,我会刻意不让明星的名字出现在店名里,以免人气盛极而衰。

我还会不经意地引入该明星的形象和他喜爱的物品，即采取所谓的"**暗示性设计**"。

比如，如果是喜欢夏威夷的明星的店，就将店内设计成取景地的风格等，时不时地采购一些令人联想到该明星的物品。

通过这种方法，"听说那家店其实是某某明星开的店呢"，在定位上把它打造成内行人都知道的、有于繁华喧嚣中独辟一隅风格的店铺。

刻意隐去名人的名字，只是若有似无地暗示，这样一来，人们会油然而生一种**"内行人的优越感"**并成为回头客。

旺铺的新客仅占一成，九成都是回头客

前面已经说过，忠心耿耿的粉丝作为回头客经常出入的店铺，即使遭遇了像新冠肺炎疫情这样的危机也不会轻易倒闭，下面就回头客做一下补充。

说到回头客，人们总认为这些人是固定的，而回头客并不是固定客源。

据说，旺铺的新客仅占一成，九成都是回头客，但这九成也并不总是固定的。

出于搬家等各种原因无法再光顾，或者发现了更喜好的店铺而"移情别恋"也是有可能的。所以，即使眼下有很多回头客也不能掉以轻心，因为无法保证这些回头客们会永远不离不弃。

再加之，人类是贪婪的生物，**并不满足于 100 分，要求 120 分**的情况也并不少见。渐渐吃腻了常点的菜肴，还会提出更高的要求。

尽管如此，也不能改变一家店铺的原有味道。如果轻易改变，反而会有失去回头客的风险。

在这种情况下，随着季节变化对店铺的室内设计进行装饰，也可以给回头客留下焕然一新的好印象。

越是回头客多的店铺，就越**不应仅依赖回头客**。不如**在设计上多下些功夫，令回头客体会到常来常新的快乐**怎么样？

本章中，鉴于新冠肺炎疫情冲击下餐饮行业所面临的严峻现实，结合各种失败案例，介绍了店铺经营不善的原因及解决对策。

第 2 章将继续探讨让人变得莫名想进入的店铺。

COLUMN
网红店必将衰落的"昙花一现法则"

煎饼、刨冰、珍珠奶茶等等，在美食的世界里时不时会爆发一次热潮。比如，在珍珠奶茶最火的时候，如果开一家珍珠奶茶店，就会成为媒体或社交网络上的话题，不费吹灰之力就能生意兴隆。

只是，热度退去后，肯定会走下坡路。

同时，明明之前都能顺理成章地吸引到顾客，之后却只能眼看着客流越来越少，经营惨淡。等反应过来的时候，账面上亏损已久，最后只能关门大吉……

可以说，不仅美食，时尚、流行语、笑话也是一样的，越是风靡一时的事物，消失得越快。

的确，风靡一时和"昙花一现"是一样的。

如果翻来覆去都是同样的内容，很快就会被顾客厌倦。我将其称为网红店必将衰落的"昙花一现法则"。

即使为眼前的高热度而乐得合不拢嘴，这种情况也百分之百不会永远持续下去。蹭热度的经营方法是没有未来可言的。

趁着风口涌现出越来越多的雷同店铺，彼此之间的差别也愈发模糊，也越容易让消费者感到厌倦。

物以稀为贵，一旦供大于求，价值就会下跌。

因疫情扩散导致口罩短缺时，药房门口每天都排成长队，口罩价格也随之飞涨；而当口罩的供应开始稳定，队伍马上就消失了，口罩价格也随之暴跌。这与上面说的是一个道理。

不论是口罩也好，珍珠奶茶也罢，只要发生通货膨胀，价格就会暴跌。

因此，如果想长久持续下去，避免简单地蹭热度才是明智之举。

我经常建议客户，即使要开一家珍珠奶茶店，也不要在店名里放上珍珠奶茶几个字，而要取一个像"Asian Tea Coffee"之类与奶茶热无关的名字，方为良策。

第 **2** 章

拥有莫名吸引力的
店铺的秘密

若想打造"令人感觉舒适的"店铺，先去"令人感觉不舒适的"店铺看看吧

确实有那种令人感到"这家店莫名地令人感觉很舒适呢"的店铺。

您是不是也总是会"莫名地"光顾这种店铺呢？

这种"莫名"的感觉里，就隐藏着成为旺铺的启示。

相反，有的店铺会令人感到"这家店莫名地令人感觉不舒适啊"。

我有时也会有这样的体会。

比如，夏日里的某一天，外出办事时想吃个饭，顺便抽根烟休息一下，就随便走进一家车站附近的快餐店。拉过椅子坐下，座椅靠背和身后的座位都快碰上了，不仅餐位拥挤，而且座位很硬，本来是想进来歇会儿，结果感觉浑身不自在。

环视店内一圈发现，与发黑的墙壁颜色色调不相协调的茶色地板有一种阴沉压抑的气氛，空调冷气也开得过大，本想着要吃个便饭，却食欲全无。

"莫名地令人感觉不舒适"的这种感受，就是由这种微小的

生理上感受到的压力一点点堆积而成的。

如果进了这种令人感觉不舒适的店铺，就会总觉得哪里不自在，在店内的停留时间也自然会变得很短。

但我进了这种店，反而会心情激动。

因为在我脑海里会有一个接一个的想法涌现出来："该怎样把这里打造成门庭若市的店铺呢？"

"把店里的墙壁刷成明亮的颜色，拉开座椅之间的距离，菜单改成带有日式饭菜风格的高级活页夹，餐具换成虽然便宜但看起来很高级的那种，灯光器材也……"大脑自动开始模拟店铺重新装修，连执行方案都在不知不觉中想好了。

当感觉舒适时认为是理所当然而不去留意；反过来，由于感觉不舒适而注意到问题所在，这让人开始思考："到底是什么在支配着人们身在某处时的感受呢？"

也就是说，**"令人莫名地感觉不舒适的店"会成为一个"反面教材"。**

各位也一样，如果无意中走进了这样的店，在意识到走错了地方而急着从店里出来之前，请先试着想想看，有没有什么好的想法或者方案，可以将"莫名地令人感觉不舒适"变成"莫名地令人感觉舒适"。

"莫名地令人感觉不舒适的原因是什么呢?"

"想让这家店变得令人感觉舒适，还差些什么呢?"

"想让这家店变得令人感觉舒适，该改变些什么呢?"

像上面这样，反过来主动找出一家店铺令人感觉不舒适的地方，并针对其中存在的问题进行分析，这样一来，自己对于一家令人感觉舒适的店铺所必备的要素就会变得清晰起来。

对于从事餐饮以外行业的人士而言，这种做法应该也会对改进自己的工作有所裨益。

人们通常都会选择自己感觉舒适的店铺，因而很难注意到这类问题，可以当作反面教材的店铺则隐含着很多应该改善的真实要点，所以我建议各位可以有目的地去这样的店铺看看。

为何星巴克能在竞争中立于不败之地？

虽说只是简单的一句"令人感觉舒适"，说到具体感觉也因人而异。让我们以星巴克为例，来思考何为感觉舒适吧。

星巴克有一个理念，即提供"第三空间=第3场所"。

第一空间是家，第二空间是工作场所，第三空间就是提供舒适空间和时间的星巴克咖啡馆。

然而，在星巴克登陆日本近20年后，现如今面临愈发激烈的竞争。

与那些店员将咖啡端到座位的日式咖啡店、咖啡馆相比，星巴克像快餐店那样，顾客在吧台点餐后，自己把饮料和食物端走。

尽管如此，价格却比快餐店高。特别是近年来，越来越多的竞争对手店铺开始提供以"蓝瓶"为代表的、真正意义上的精品咖啡等。

即便如此，星巴克依旧人气不减的原因是什么呢？

我认为，其原因主要在于，星巴克拥有宽敞的单人座高档休闲沙发和让人联想到客厅的空间设计。

星巴克的椅子虽然并非出自名设计师的手笔，但是从人体力学角度研发的、具有舒适感的原创款式。

不采取任何借助于电视广告的形象宣传策略，把成本花费在店铺设计上，以追求真正的舒适感。

因此，在这迥然于家和工作场所的第三空间，星巴克爱好者在弥漫着舒适惬意的氛围中，享受片刻治愈时光、谈笑风生。

为了再一次体会当时舒适惬意的感觉，他们还会再次光顾。

在心理学上，将记忆与充满回忆的场所或物品相重合的行为称为"投射"，星巴克的回头客显然是将舒适惬意的记忆投射到星巴克。

"让人变得莫名地想要进入的店铺"成功背后的原因各种各样，而从设计角度来追求用户的舒适感，就能够培养出众多回头客。

当然，即使同样是星巴克，如果位于车站大楼等的狭小空间内，打包外带的顾客会较多，停留时间也较短，所以有时会以木椅和靠窗的吧台座位为主，而不是沙发。

反过来说，**可以通过增加或减少座椅舒适度，来调整顾客在店内的停留时间，从而提高周转率。**

例如，车站前面的牛肉盖饭店，顾客多为工薪族和学生，为了提高周转率，经常使用的是易于落座和离席的圆形吧台座椅。

在这种类型的店里，如果突兀地摆上适合久坐不走的人坐着舒服的沙发，会妨碍到顾客的进进出出。

当然，根据不同的店铺选址，可区分使用座椅。在带小孩的顾客较多的地区，"中卯"和"食其家"还专门为其准备了儿童座椅。

因此，即使同为连锁店，也要针对顾客的不同需求灵活应对。

空间设计的手法要随顾客的"交谈内容"而变

在设计店铺时，一定要思考这个问题——在这家店里，顾客会进行怎样的对话呢？

比如：

是想悠然落座，悠闲自在地畅享与友人的闲聊时光吗？

是想一个人沉默着速战速决地把饭吃完吗？

是想倾吐工作上的牢骚把压力一股脑地释放出来吗？

是想在时髦的氛围中来一场浪漫的告白吗？

是想享受与家人或可推心置腹的伙伴之间的私人派对吗？

是想与客户进行一场不愿被他人听到的密谈吗？

等等，**试着去想象一下电视剧中的场景，就必然会清楚地知道什么样的空间才是合适的。**

如果是想悠闲地畅享与友人的闲聊时光，之前介绍过的星巴克那样舒适惬意的沙发式座椅和起居室那样的空间就是很好的选择。

如果是一个人沉默用餐的空间，只要吧台的席位就够了。

如果是想互相抱怨对工作的不满，嘈杂喧闹、充满活力的店内环境更能让人情绪高涨，释放出不输给周围人的音量。

如果是要进行爱的告白，安排可以纵览闪亮夜景的座位，店内布局也必须足够宽敞，以保证谈话内容不会传到邻桌。

如果是享受私人派对，就像在自家客厅招待顾客那样，舒适自在的包房空间正合适。

此外，如果是和客户进行一场不愿被他人听到的密谈，那么私密性空间或许是个不错的选择。

如果是以下情况，如"不希望顾客待得太久，聊起来没完没了"，"不希望顾客在自己店里抱怨个没完没了"，或者是"希望成双成对的顾客多光顾"，只要根据实际情况更改店铺设计即可。

移动座椅和餐桌的布置，使店内布局焕然一新，或者更换家具和照明等。可以通过改变空间设计，对目标客层进行划分。

所谓的"合理化"是否对顾客有利呢?

有许多店铺都导入了餐券售票机和餐桌呼叫器等。这些都是非常方便的系统,但有必要好好思考一下它们是否对顾客有用。

如果有一个与后厨直接相连的售票机,顾客在购买餐券的那一刻就可以下单了,而无须先选择菜单再告诉店员。

如果是亲手交餐券,菜单写得很清楚,既可以预防下单失误,又可以在购买餐券的同时进行结算,从而省去在收银台付款的麻烦。

松屋 Foods 运营的新业态"松之屋",顾客在入口处买好餐券,在座位上等候时,餐桌上安装的显示器上会显示餐券号码,通知顾客菜品做好。

顾客收到通知,亲自去吧台取餐。无论对顾客还是店员而言,这种系统设计得都很合理。

不过,当我经手福岛县的**"中卯"**引入餐券售票机时,就有人指出，由于该地区老年人很多，他们会对如何购买餐券感到困惑。

如果是年轻商务人士和学生较多的地区，就不必担心售票机使用的问题，在老年人较多的地区，就有必要考虑到这一点。

回转寿司店的触屏点餐的方式也一样，年轻人和孩子们能像玩游戏一样很快熟练地操作，但对于那些不习惯数字设备的老年人而言，会感到压力很大。

在后疫情时代，**我认为会有越来越多的系统，可以使顾客从点餐到菜品上桌都不用接触任何人，但有必要提供一个即使是老年人也容易操作的系统。**

通过数字化和系统化，员工的工作效率提高，这样一来，就可以像"食其家"那样，只要一名员工就能独当一面，包揽从接待到烹饪，最后到结账的全部事项。

当"中卯"引入"食其家"那样单打独斗的工作模式时，我也参与了其中的设计工作。这种工作模式可以提高劳动生产率，将费用成本降到最低，从这点来看，在新冠肺炎疫情危机的局面下，可以说是一种有益的尝试。

安装在餐位上的呼叫器也可以说是一种方便的手段，不用再一遍遍地去招呼店员，从而减轻了顾客的压力。

员工也一样，有了呼叫器，就不需要再来回走动，从而提高了接待顾客的服务效率。不过，如果员工采取"除非铃响，我会原地等待吧"的态度，有时可能无法细致周到地做好大堂内的服务工作。

虽说是方便的模式，但从提升顾客服务质量的角度来看，还是有必要好好考虑一下具体的使用方法。

相比之下，像"丸龟制面"这样的赞岐乌冬面店铺走的是定制路线，由顾客端着托盘，按照自己的喜好给大碗里装好的素乌冬面撒上辅料。

虽然与自助餐类似，但从装盘到将托盘端到自己的座位都是由顾客负责，大堂只保留了最低限度的员工人数。

尽管如此，由于顾客可以亲自动手实际选择辅料，参与制作适合自己口味的乌冬面，所以不会感到服务差。

在今后的时代，我们需要考虑的是，设计好备餐间的员工无须将商品端到顾客手中的方式，以及与此相适应的空间设计。

无论哪种方式，**在实现店铺方式的合理化时，无论是对顾客还是对员工来说，都需要考虑何为有益的做法。**

"吸引人的店名"和"不够吸引人的店名"的区别何在？

一家店铺的命名对招揽顾客极为关键。

实际上，店铺的名字包括"吸引人的店名"和"不够吸引人的店名"。

比如，当您饿着肚子驱车行驶时，看到两块并排的招牌，您会进入哪家店呢？

① "ounishi 屋"
② "乌冬面大西"

恐怕大多数人会进入"乌冬面大西"吧。

原因是，它是什么店让人一目了然。

如果没有知名度，仅凭专有名词作为店名，会让人一头雾水。**人们倾向于在不知不觉中回避那些乍看上去不知所云的事物**。因此，从招揽顾客的角度来看，如果让人一眼就知道这是什么店，会处于绝对的优势地位。

从这层意义上讲，只采用横向文字作为店名的咖啡馆，和那种法语和意大利语排成一排的店名，从招揽顾客的角度来看也处于不利地位。乍看上去，只采用横向文字的店名给人一种时髦的印象，但如果不能传达给顾客这是一家什么店，就无法期待顾客光顾。

咖啡馆至少要在店名中放上"Café"或"coffee"的字样，否则，光看招牌根本不知道这是酒吧、杂货店还是美容院。

法国菜和意大利菜也一样，设计时将三色国旗符号放进 logo 标志，或者将国旗装饰在入口处，就会简单易懂得多。

前面提到的我开的店铺，设计上也是采用了"OLL KITCH-EN"的横向文字，但通过标榜"设计师酒吧"来唤起人们的兴趣，让人觉得"这是酒吧啊""这是一家设计师开的有趣的店吧"。

此外，**店名附带的店铺广告词也对品牌推广有效**。

在日本经济高度成长时期，"吉野家"的广告词是"快捷、美味、廉价"，但到了 20 世纪 90 年代，就变成了"美味、快捷、廉价"，之后在 2000 年又变成了"美味、廉价、快捷"。

过去，在店铺的招牌上都带有这个广告词，但由于店名和广告词都已经渗透到整个日本，所以现在的招牌上只采用了"吉野家"的汉字和罗马字母。

店名设计需设地名品牌

"让人莫名地想要进入的店铺",店名中不经意带着的"地名"也在品牌推广中发挥了作用。

比如,我的设计事务所位于兵库县的芦屋,"芦屋"自古以来就作为日本数一数二的高档住宅区而闻名,因此这一地名对提升品牌形象是有效的。

只需在店名中冠上"芦屋",一家店铺的形象就会提升好几个等级。

隔壁的神户是既比芦屋更有名又具有品牌实力的地名,但若想展现高档质感,还是芦屋的名字效果更好。

顺便一提的是,前面提到的我经营的店铺,员工的制服和围裙上的 logo 标志,采用的是稍微带有大正现代风格的复古字体,加上"芦屋"的地名。

在类似传统风格的酿酒厂和酱油酿造厂的工匠身着的那种复古风的围裙上,写上"芦屋"的字样,就会给人留下"这里是芦屋历史悠久的老字号的新业态吧?"的印象。

建议您一定要**将地名的力量巧妙地融入店铺的命名和 logo 标志中**。

如果地名不是特别有名，只要加上"JAPAN"的字样，就会带有世界性的形象。

还有其他各种各样的地名也有助于提升品牌形象。

说起"北海道"，任何人都很容易联想到美味和丰饶之地。

即使同样是土豆和黄油，只要被称为"北海道产"，就会感觉风味一下子增加，味道也变得浓郁了。

若说到要吸引访日外国游客，那就是"东京"。

就像位于千叶县的迪士尼乐园也被冠上"东京"那样，只要加上"东京"的字样，就会带有国际感。

在"OLL KITCHEN"的员工制服上设计了
老字号店铺风格的logo标志

"京都" 也是品牌实力强大的地名。

仅是被称为 "起源于京都" 或 "京都风"，就会带上历史悠久和风雅别致的形象。

有一家在命名中区分使用京都的有趣店铺。

它就是 "炸牛排　京都胜牛"。

这家店最初起源于京都，所以它把京都郑重地纳入店铺命名中，以展示起源地的与众不同之感。一家店在店面悬挂的是写有 "胜牛" 的灯笼，另一家店则使用了带有 "60 秒就炸好" 字样的灯笼。

照片上：在 "炸牛排京都胜牛" 的店面挂着写有 "胜牛" 的灯笼。照片下： "60秒就炸好"。

事实上，后者开在商业人士众多的地方，目的是要强调"60 秒就炸好"这一可以速食的形象。较之于给店铺冠以优雅的京都地名，因为面向繁忙的商业人士，所以选择附带广告词的店铺命名，以此**对目标客群进行分层**。

即使是相同的店铺也要根据不同的目标客群区分使用地名，据说提出这一独特想法的正是将"胜牛"发展壮大的株式会社 GOLIP 的创始人——胜山昭先生本人。

我也经常在店铺设计中使用地名品牌。

我所经手的"面屋武藏　上海店"，在店铺的外观、地板和墙壁等设计中都引入了诸如"新宿""池袋""吉祥寺""涩谷"

在"面屋武藏 上海店"的店面，挂上总店"新宿"的名头，
向人们展示这是来自日本的名店。

等日本地名。

仅这样就能向当地人传递这是一家来自日本的店铺的信息，效果十分明显。

指引司机的标识应从距店150米远处起设

如果想诱导驱车行驶的司机来店，在距离店铺 150 米左右的地方就要放上店铺招牌。

如果预算充足，最好是从距离 300 米远的地方开始放上招牌。

汽车要左右转弯时，交通规则要求在距离 30 米远处发出信号，因此**在距离 30 米左右的地方**，也要放上**写有"去往某某店前方 30 米左转"等字样的导航招牌**。

之所以要多次放上招牌，是为了让司机做好心理准备。

如果仅在商店近旁放上一块招牌的话，由于汽车无法紧急停下或左转，所以需要**在距离店铺 150 米处开始放上招牌**，让**司机做好心理准备**，并逐步往店铺方向引导。

当司机感到犹豫"要不要去那家店呢？怎么办好呢……"的时候，如果在驱车行驶途中依次循序地出现招牌的话，就会让人在潜意识上产生一种心情，即："我还是去那家店吧！"

在安装招牌时，人们或许认为高处更显眼，但实际上低处才更容易进入司机的视线。

当安装这种招牌时，我会把自己当作寻找店铺的司机，驱车实际在那条路上跑上几次。

"在这一带放上招牌的话，更容易被司机看到啊。"

"这里有各种各样的招牌，放在这里可能会被人忽视，还是换个地方吧。"

等等，我会在检查店铺所在道路两旁的情况后，具体确定招牌的位置和高度。

如果只依据 Google Earth 就判断"大概是在这一带吧"，有时可能出现与实际感觉的偏差。为了引导顾客到店，亲自实地考察周边地形，进行详细的模拟演练是不可或缺的。

为什么在"食其家"的门口会设一座钟楼？

我想各位读者可能有人注意到，在"食其家"建筑正面总是耸立着巨大的钟楼。

为什么在牛肉盖饭店的入口处会有这样一座钟楼呢？

事实上，据说这座钟楼的形象来源于"食其家"的发源地横滨的横滨市开港纪念会馆和红砖仓库。横滨港口对外开放使牛肉文化在日本流行，钟楼似乎也含有象征这段历史的意义。**一看到大钟，人们就会不自觉地想要去确认时间，并把目光投向时钟**，由此可以让人们在看向时钟的同时意识到"食其家"的存在。

在第 1 章中，我讲到之所以在自己经营的芦屋店铺外墙放上了一幅路标图片，就是为了让人们主动来读取信息，从而可以诱导他们的视线，不知道各位是否还记得？"食其家"的时钟也和路标给人的心理暗示一样，出于相同的原理。

如果广告信息太多而杂乱，人们就会下意识地选择视而不见，但**对于路标和时钟等信息则会主动去查看**。

顺便一提的是，东京银座四丁目十字路口的"和光"时钟已经成为银座的象征，北海道的"札幌市钟楼"也成了札幌的地标性建筑。

此外，英国的威斯敏斯特宫的钟楼"大本钟"也作为象征着伦敦的存在而世界闻名。这些都是巨大时钟吸引路上行人的目光，并成为一座城市的象征的代表性事例。

"LaLaport"和 "永旺（AEON）" 不设店门

一手提着行李想要推门进入，却觉得门好重……

"咦？比想象的要重啊。"

这种时候，您是否感受到**小小的压力**呢？

不知怎么的，就感觉自己好像被拒之门外一般，**在那一时刻，进店的兴致稍微有些下降**。

特别是对于那些在购物途中手里提着大包小包，或者带着孩子的女性来说，那扇沉重的门就成为横亘在眼前的一道障碍物。

这种经历最后就会成为负面记忆刻印在顾客脑海中，想到"那家店莫名地不好进"，顾客就会慢慢地不再光顾那家店铺。

可能有人觉得只不过是扇门而已，未免有些小题大做了吧，但"容易进入的店铺"和"难以进入的店铺"之间的差异会随着这种小小的压力的堆积而越来越大。

比如，想要网购，却无论怎么尝试都打不开网站首页，"真是的，太吊人胃口了，还是算了！"因而放弃购物。您有过这种经历吗？再也不想访问这种网店了，是吧？

顾客也从沉重的门上感受到了相同的压力。

目前购物中心内的店铺，"LaLaport"和永旺等，就**把大门整个儿拆掉**，采取了**开放式样式**。

这样一来，顾客就可以放心地购物，不会感到压力。

株式会社 ANTWORKS 专门进驻商业购物中心的连锁店"Denver Premium"和"㐂久好"，其设计全部都是由我经手的。每家店铺都没有门，半腰墙也较低，采用了开放式设计。

由此，每家店铺都在商业设施中取得了位居榜首的营业额。

如果是餐饮店和美容院等，则往往会关上门，以防止气味飘到旁边。但在后疫情时代，需要经常给室内换空气，从这层意义来看，就需要在采取异味整改措施和驱虫措施的同时，改成开放式的设计。

顺便一提的是，在超级品牌和高档珠宝专卖店，身着黑色西服的礼宾人员笔直地站在结实厚重的门前，营造出一种让人无法轻松随意进入的氛围。

这既是出于防盗方面的考虑，也是通过提高门槛，在营造出品牌与众不同感的同时，对顾客进行分层。

即使在高档餐厅和高级日料店等单价较高的店铺，有时也会刻意采用厚重的大门，在外观上提高门槛。

"Denver Premium AEON MALL 草津店"和"毡久好
THE OUTLETS HIROSHIMA店"都采用了没有门的开
放式设计。

　　然而，如果希望顾客毫无顾虑地进入店铺，最好去掉会令
人犹豫进店的要素。

"面屋武藏 北京店"的入口，用门帘取代了门。还代替了店铺招牌，人们的视线会无意识地投向它。

即使是高档店铺，也可以通过在脚边放上行灯和蜡烛，或者给入口处装饰天然绿色元素，**使顾客感到温暖贴心，产生一种宾至如归之感。**

在我设计的"面屋武藏 北京店"的入口，就采用了大号门帘来代替门。

门帘上用罗马字写着店名，可以代替招牌，像隔板一样将店内和店外区分开，布制材料不会带来压迫感。

由此可见，即使不安装沉重的门，也可以使用轻盈的布制品来营造一种别致优雅的氛围。

"一风堂"狭窄开间的设计窍门

开间狭窄的店铺也会莫名地给顾客留下一种难以进入的印象。

这是因为，它会让顾客感觉自己好像不受欢迎。此外，店铺内的情形也难以了解，所以顾客会感到不安，从而犹豫要不要进入店铺。

尽管如此，如果建筑物本身的开间狭窄，就无法扩展。在这种情况下，就有必要在视觉上营造出一种错觉，让人感觉不到开间的狭窄。

以前，我曾被委托过神户三宫的"一风堂"的设计工作。那里是一处开间只有 2 米宽的建筑。

在邻近的神户元街已经开业的"一风堂"，其开间是三宫店的 3 倍宽，墙壁也是砖块风格，设计得非常时尚。

这样一来，无论我如何努力去设计，最后肯定会被人比较说"元街的一风堂店铺那么时髦，三宫的店铺却又窄又不起眼"，于是我当时就拒绝了。

然而，当我在现场凝视着三宫店的建筑时，突然计上心来，转念接受了这项委托。

我的想法是，特意采用格子图案的立体木墙来覆盖开间的右半部分，并把"一风堂"的巨大 logo 标志重重地与之重叠。

本来开间就不大，只有 2 米宽，而 1 米宽的地方又都被格子墙覆盖，入口处就变得越发狭窄了。

然而，**在格子图案的墙壁和"一风堂"巨大 logo 标志的视觉冲击力之下，已经注意不到开间的狭窄了，这正是我所追求的视觉效果。**

结果大获成功，"一风堂"那具有视觉冲击力的 logo 标志的存在感凸显，成为一面令人完全不去介意开间有多么狭窄的建筑物正面外墙。

正是来自墙壁和 logo 标志的绝对性冲击，扭转了开间狭窄的不利局面。

像上面这样，不试图去勉强让狭窄建筑看起来更宽敞，也可以通过刻意的"隐藏"，对狭窄进行视觉上的掩饰。

离店 3 米处瞬间传递出的"放心感"

后疫情时代的首要课题是，该如何向顾客传达防疫对策的具体贯彻情况。

2020 年 4 月中旬，日本全国上下进入自行减少外出模式，我紧急制作了一张 A2 大小的原创海报，并在 Face book 上公开。从这张海报上可以一目了然地了解到防疫措施是如何执行的。我这样做的目的是，希望看到海报的人自由打印，以分享给众多受疫情之苦的店铺。

到了夏天，各个地方政府终于开始分发像防疫封条一样的东西。不过，餐饮行业要想自保，就必须亲自积极地行动起来，而不是坐以待毙等待行政对策。

我原本还想把海报的字体和布局设计得更加洗练，但考虑到与防疫措施相关，**较之精致美观**，还是优先选择了**让人一目了然的易传达性**。

与疫情共生，在后疫情时代最重要的是，**远胜于美观的那份安心感**。

图为可以从OLL DESIGN主页上下载的防疫对策海报。
以一目了然的信息传递性和信息简洁易懂为特点。

据说，通常情况下，当路上的行人想要走进一家偶然发现的店铺时，他们**拍板决定"进这家店吧"的行为就发生在可用肉眼确认的距离店铺门口约3米远的地方。**

即使是距离店铺3米远的地方，如果能进入顾客眼帘，并使他们感到"这家店在认真地采取防疫措施，是能让人放心的店哪"，就OK了。

在张贴在店铺门口的海报近旁，如果配套摆上手指消毒液，就更能带给人安全感。

在主页上也追求"安心与安全"的可视化

对餐饮业而言，原本**贯彻清洁（Cleanliness），即保持清洁的状态就是不可或缺的**，在与疫情共生的后疫情时代，需要做到更加细致周密。

对餐桌和吧台等顾客手能接触到的地方进行彻底消毒，不留任何死角，使用一次性纸杯和容器以及餐具，可以预防因重复使用而产生的交叉感染。

此外，作为店内员工的 PPE（个人防护装备），要将佩戴口罩和手套作为一项义务固定下来。

在招待顾客方面，也要采取防疫措施，如采用透明挡板等方式阻隔飞沫传播，与此同时，还要采用在线点餐和无现金支付方式，以确保电子结算的顺畅。

此外，提供食品和饮料的配送服务，以及商品交付专用吧台的配置等，必须在各方面彻底落实防疫措施。关键是，店内正在严格执行此类对策的情况也要简单明了地呈现在主页上。

前面介绍过的我经营的店铺主页上，在首页的正中央附上了一个 1 分 40 秒的名为"本店的新型冠状病毒对策措施"的视频。

视频中展示了店内消毒后，每个角落都仔细清扫过的场景。

看到这样的视频，可以让之前还纠结于**"这家店的清扫工作做到何种安全程度呢?"**的顾客的担忧一扫而光。

在保持清洁的同时需要努力做到的是，**员工对于机械的操作和 IT 的运用**。

通常情况下，顾客会在查询店铺信息后进行预约，从进店到离开店铺为止，顾客和员工之间会进行交流，如果对这一过程加以细分，会涉及多达 40 项内容。

交流得越多感染风险就会越高，如果运用 IT 进行操作，交流的过程就能大幅简化。

比如，顾客在智能手机上查看菜单并点餐，结算也可以通过智能手机完成，这样一来，与店员之间的交流就可以简化到最低限度，从而显著降低感染风险。

如果在自己家里就能看着智能手机点餐，无论是外卖还是堂食，都可以减轻让顾客等待的压力。

使"不够吸引人的店铺"成为"吸引人的店铺"的 8 个要点

本章从各种角度考察了"令人莫名地想进入的店铺"的设计秘密。

"吸引人的店铺"生意兴旺,"不够吸引人的店铺"则生意衰败——这是餐饮店的绝对准则。基本原则是不让顾客感到压力的设计。我将"不够吸引人的店铺"的要点归纳为 8 条。以下内容符合得越多,成为"不够吸引人的店铺"的可能性就越高。

您的店铺怎么样呢?

①看招牌也不知道是什么店

如果招牌上只有店名,会因为不知道是卖什么的店而被顾客冷落。设计一家只要看到招牌就知道是经营何种菜品的店吧。

②店内太暗,看不清楚

如果店内太暗看不清楚,顾客会感到不安。改成可以让人从外面看到店内环境的照明吧。

③店址远离大道

当店铺距离大道有点远时，由于不清楚是什么样的店铺，顾客会产生警惕之心。在通往店铺入口的路径上添加令人感到温暖的照明，带给顾客一些放心感吧。

④入口处有2到3级台阶

只要一有台阶，就会让人感觉进店很麻烦。花心思在入口处放上引人注目的设计，让人意识不到台阶的存在吧。

⑤开间狭窄

当店铺开间狭窄时，会让人感到局促不自在，从而对进入店铺内部产生抵触感。在设计上让人从入口处就可以看到亮堂的店内，来缓解其带给人的局促印象吧。

⑥店门很重

当店门很重时，会感觉好像被店铺拒绝。别再用沉重的店门了，换成有开放感的入口吧。

⑦店铺周围脏

当店铺周围落下枯叶和垃圾时，会给人一种店内也不卫生的印象。不仅是店铺门口，店铺两旁的垃圾也经常清扫一下吧。

⑧入口处没有屋檐

如果店铺入口处没有屋檐，在雨雪天气里，顾客就会敬而远之。在入口处加上一个防雨的遮蔽物或帐篷，就会带给人下雨天也容易进店的印象。

如果将上述 8 个要点尽可能地加以改善，"不够吸引人的店铺"就会摇身一变，成为"吸引人的店铺"，并脱胎换骨成为一家旺铺！

COLUMN
新的选项"幽灵餐厅"和"云厨房"

"受疫情影响，我一直在考虑开店，但揽客看似很困难啊……"

"也不知道下一步会怎样，无法对开店进行投资……"

连日来的报道里充斥的都是店铺经营者的这种声音。

我周围也有人在烦恼，"一直都在考虑开家餐饮店，要不还是算了吧……"

对为开店而感到迷茫的人，我的建议是开一家"幽灵餐厅"。

所谓幽灵餐厅，是指不拥有实体店的餐饮店，在中国和美国是一种很受欢迎的商业风格。

大概 4 年前我出差到北京和上海时，经常点幽灵餐厅的外卖。

在中国和美国，在日本普及"Uber Eats"和"出前馆（译者注：日本最大规模的外送订购网站之一）"的几年前开始，就已经在推广幽灵餐厅送外卖的服务了。

因为幽灵餐厅没有实体店铺，所以烹饪都在临时借来的云厨房（共享厨房的一种）等内进行。在有实体店铺的情况下，还可以利用法定假日和空闲时间，作为云厨房来运营。

为顾客提供的配送，是通过 Uber Eats 等进行送餐服务。

如果是幽灵餐厅，只需要实体店铺 10%～15% 的成本就可以开店。

由于开店费用可以压低，就可以存下开办实体店铺的资金。

此外，因为是专门提供外卖送餐服务，所以没有担心揽客的必要。

无论是幽灵餐厅还是云厨房，都是在疫情的困境下提高了业绩的业态。

比如，在不拥有实体店铺的食物外卖专营店 "Ghost Kitchens"，一个云厨房可以同时运营多家店铺，如 "素食墨西哥玉米卷料理"、"地中海式料理" 和 "鲜榨果汁专营店" 等。

在为是否开店而犹豫不决的人士，我建议您可以将这种新型餐饮业态纳入考虑范围。

顺带一提的是，前面介绍过的我的店铺，作为催生新一代业态的实验，我正在考虑把它变成快餐店。如果进展顺利，我还会进行下一个实验。此外，我还计划将其命名为 "店主的挑战"，租借给那些以开家餐饮店为目标的人士，在云厨房

或者实体店铺开业之前，请他们把这里作为一个试验场地来
运用。

　　下一步我想推动一个企划案的实现，其内容是请企业将其
作为试吃新商品的场地加以利用。

第 **3** 章

门庭若市的店铺
有一条"土酷"法则

何谓"土酷"法则？

迄今为止，我经手了为数众多的店铺设计，并考察了国内外的海量店铺设计。

在对它们从不同角度进行分析的过程中，我悟出了一条法则。

那就是，有人气的旺铺带有一种"土酷"。这么说并不是指设计上稍微有点儿土气。

所谓"土酷"，即把"土气"和"酷"合并在一起，是一个被创造出来的新词。

比如，2018 年 DA PUMP 的歌曲 "U.S.A." 被称为"土酷"而大受欢迎。"U.S.A." 包含了像日本泡沫经济时代流行的那种燃到爆的节拍，加上诸如"宝贝加油""飞机头"等带有昭和时代不良青少年风格的歌词，以及上下身穿着不协调的针织套头衫的时尚等等，满载着"土气"扑面而来。

尽管如此，乐队洒脱的表演却将这些元素糅合成令人感到

"太酷了！"的娱乐性演出。

明明是"土气"元素，却令人感到"酷"——把这种相互矛盾的概念融合在更高的层次并加以灵活运用，哲学术语称为扬弃（译者注：既克服又保留）。这是德国著名哲学家黑格尔提出的辩证法的基本概念。

"土酷"就是体现了这种哲学概念的词语。

负面要素转化为正面时，这种变化幅度之大会给人们的心理带来极大的触动，并深植于记忆中。**人们由此从中感到一丝反差萌。**

"土酷"之物，较之单纯的"酷"更具有多样性，因而具有牢牢抓住人心的魅力。

由此看来，**许多旺铺也是一种"土酷"**。

我认为，"土酷"的设计不仅与外观设计，还与服务和系统的设计相关，包括揽客的手段和员工的工作效率、店铺整体的性价比。在本章中，我想从不同的角度针对旺铺所必需的"土酷"内涵展开探讨。

成长性和收益性体现在"店铺的门面"上

假设您是一家餐饮店的老板,第一次光顾自己的店。

请您从顾客的视角想象,在从最近的车站走向自己店铺的这段路上,观察沿途风景和附近店铺的外观。然后站在自己的店铺前面看一看。

如果在平时,对于这些景色会因为太过熟悉而视而不见;然而,当想象初次光临的顾客的心情时,就会注意到之前一直被忽视的地方。

"车站旁边不知什么时候开了一家竞争对手店铺啊……"

"怎么回事?旁边店里的绿植繁茂,都快把咱们店的招牌挡住了……"

"哎呀,灯光昏暗,从店外几乎要看不到里面了……"

像这样**客观地重新打量**自己的店铺,自然会**有很多新的发现**。

作为店主，理所当然地对自己的店铺了如指掌，却往往不容易注意到顾客的心情。然而，如果把自己想象成不了解店铺情况的顾客，再来观察自己的店铺时，自然会发现问题之所在。

比如，虽然自我感觉良好，觉得"怎么样，好看吧!"，但在别人看来，会觉得"很不起眼啊⋯⋯"。

如果始终意识不到这种差距，生意会越来越冷清。

门庭若市的旺铺都有一张独特的"脸"。

它们有一张"土酷"的脸，即使是初次光临的顾客也会被吸引，产生一种亲近感和安心感。

当我看到这类店铺时，就会感受到它们的潜力，即对于一家店铺的稳定运营而言，一种不可或缺的赢利能力和增长能力。

潜力越大，一家店铺的价值就会越高。

迄今为止，我设计了很多中国的店铺，不仅有餐饮店，还包括从便利店到购物中心乃至百货店在内的店铺。中国的店主在店铺开业第一天就开始思考——"这家店能卖多少钱?"

这在日本人看来，可能会感到不可思议吧，觉得——"这样做真是太冷漠了。对着刚出生的如同自己孩子一般的店铺，是不是一点儿感情都没有呢?"

但是，这绝非中国店主冷漠无情。

相反，正是因为他们希望自己的店铺能茁壮成长起来，才会思考如何提升自己店铺的价值，就像上市公司时刻关注自己公司股票的市值一样。

如果开店的目的仅是满足个人的兴趣，那么就没有必要想那么多，但如果开店的目标是想成为一家旺铺，**就需要经常从客观角度去审视自己店铺的价值**。

抓住 ON 切换成 OFF 的 "轻松一刻"

我认识的一位熟人 A，是大型制造商的营业本部长。在这次疫情到来之前，他一连几天都在宴请大企业的社长和高层。

几乎每天都是河豚生肉片、河豚砂锅、神户牛排、鱼翅汤、燕窝、鹅肝酱、松露……完全沉浸在美食的世界里。

在每次宴请结束后，A 总是会去一家店放松一下。

A 说那家店就像是他的避世之所，朴实的店内氛围让他可以完全放松下来。

他每次去必点的是"乌冬面"。

虽然菜单上没有，但店长会专门免费为常客端上一碗汤汁醇厚的乌冬面。

他告诉我说，**"多亏了那家店，我才不管每天晚上多忙，都能保持着精力充沛的状态"**。

商业人士一定都有 ON 和 OFF 的状态。

ON 是工作模式下火力全开的时间。

OFF 既是工作的闲暇和工作结束后卸下紧张神经、身心放松的时间，也是可以尽情放松的宝贵时间。排场也好自尊心也好，统统从面子中解脱出来，回到本真的自我，令人如释重负。

所以，繁忙的商业人士会下意识地希望拥有一个可以从 ON 顺利切换到 OFF 的开关。

所谓旺铺，正是可以帮助顾客在这种 ON 和 OFF 之间进行切换的如同开关一般的存在。

顾客因为被切换到 OFF 后那心情舒畅的瞬间，肯定会再次光临，这样的店铺会成长为顾客络绎不绝的旺铺。

对于 A 而言，OFF 是在宴请结束后在店里品尝一碗乌冬面的时光。不仅下班后，趁着工作间歇时间两三口就结束用餐，在这样的店里，也能让人松一口气，充分享受 OFF 时光。

我敢断言：**想要轻松地把人带入 OFF 的状态，比起无懈可击的高冷店铺，带着些许破绽的"土酷"店铺反而更加适合。**

如果采取简洁明快的完美设计，乍一看或许有些洗练，但仍旧会给人留下一种冷漠的印象，从而无法让人感到真正的放松。

比如，故意陈列得像杂货铺那样杂乱无章，或者把店内展示的菜单做成手绘形式，或者只是采用让人感到暖洋洋的面料，也会令身处其中的人感到温暖，从而自然放松下来。

外表上无论怎样扮酷，人们本能上追求的仍然是可以一下子就能卸下浑身的疲惫、让人感到安心的地方。

所以，店铺设计需要考虑到这样的心理。

比起自鸣得意的审美意识，回荡在心间的温柔设计更胜一筹

"这面墙壁必须采用货真价实的砖。"

"这个吧台材料必须采用真实材料的整张榉木。"

具有高度审美意识、对美有着执着追求的店主和设计师，经常会说类似的话。

使用真实材料的话，确实会让空间整体的设计完成得更加出色。

如果在客单价超过 3 万日元的高级店铺，由于客层品位高端，可能更加注重材料的真实性。

然而，**顾客并非因为想坐在真实材料的砖和榉木材质的吧台上才选择一家店的。**

执着于使用真实材料，并非有利于招揽顾客。

况且，对于真实材料的执着心情越强烈，成本自然会随之翻番儿。

综上所述，如果设计纠结于过多细节而在店铺成本上花费过多，就会在店铺运营过程中，给资金周转带来阻碍。

从事设计工作时，容易被一种内在欲望驱使，即不考虑成本而一味执着于真实材料、追求高级的审美品位。

其实我本人也曾如此，在 20 多岁刚入行的时候，盛气凌人，凡事都要做到极致，经常与现场的工匠们吵架。

比如，讲究瓷砖的排列方式，本来应该是铺成方格图案，工匠们却为了图省事、节省成本，最后铺就的图案与设计方案大相径庭。

我看到后大嚷"这个铺错了！"，马上就拎起斧头把工匠们铺好的瓷砖砸碎了，然后命令他们重铺。

还有一次，本来是希望铺上柚子色的高级桌布，结果他们以成本高为理由，铺上了色调似是而非的桌布。

当注意到这一细微差别时，我毫不留情地就把刚铺好的桌布唰地给扯下来了。

这些往事虽然现在回想起来令人怀念，还有些可笑，但当时的自己丝毫没有做出让步。

以顾客的立场来看，制作者的这种有些固执的坚持不过是一种自我感觉良好。后来发生了一件事，让我开始意识到了这一点。

那是发生在十多年前的事了。当时我受夏威夷一家高级牛排店的经营者委托，负责其店铺的设计工作。

当我提出一个非常有品位的设计方案时，承包店内装修工作的施工公司抱怨道："太费事、费钱了，绝对做不了！"

当时，那家店铺的经营者以一种强烈的口吻这样对我说道：

"大西老师，我们要打造的不是一家餐饮店，而是一个产生商机的场所。我们并不希望您拘泥于您所追求的理想设计，而只是希望您可以在预算范围内设计出一家可以把会产生商机的氛围传达给顾客的店铺。"

听到这句话，我一下子醒悟了。

当时真是有种被当头一棒的感觉。

在思考店铺设计时，最为重要的，并不是制作者扬扬得意地强加给别人的"怎么样，好看吧！"的审美意识，而是寻求一种可以直抵人心、回荡在顾客心间的设计。

比如，即便不采用真正的石头，也可以铺上带有石头印花的材料，营造出一种沉稳大气的氛围，并能将成本控制在原来的十分之一。

此外，即便是一张便宜的单色桌布，也可以随意添上手写的英文字母或者重新上色，从而别有一番雅致韵味。

我设计的"面屋武藏　上海店"的墙壁，就特意采用了斑驳的刷涂法，为店铺营造出一种独特的高级质感。

因此，在进行店铺设计时，应该坚持的是"**酝酿出一种真**

"面屋武藏 上海店"。店内墙壁特意采用斑驳的刷涂法，营造出一种高级质感。

实的氛围，而不是真实本身"。

我在参与国内外众多店铺的设计工作过程中，逐渐意识到了这一事实。

特别是在进行中国店铺的设计时，很多情况下，都是日本人的追求真实与中国人的崇尚合理之间的观念错位。

比如，那是一家日本服装厂在中国开店时的事了。我明明要求的是墙壁铺上瓷砖，现场却铺上了砖纹布，没有采用成本较高的瓷砖，对此，日本总部大发雷霆……

虽然不能提及品牌名，但类似的事情还有很多。

下面要介绍的中国"罗森（LAWSON）"，其实也是关于如何克服这种日本与当地之间观念差距的案例。

将不合常理转变为常识的中国"罗森"闪电战

我设计的原则是**"入乡随俗"**。

第 2 章已经为您介绍过，当店铺入驻海外市场时，不能凡事以本国规则为准绳，而是要始终选择最符合当地实际需求的设计，这样方为良策。

下面就以我经手过的中国"罗森"的店铺设计为例，为您说明入乡随俗的设计是何等重要。

由于"罗森"对 logo 设计和店铺设计方面都有着细致的规定，因此在海外的设计变更并不是一件容易的事。

然而，"罗森"在中国的日方社长是一位熟悉当地需求的人，他的观点是"若想在中国部署连锁店，店铺设计也应该符合中国的特点"。

为此，他向日本总公司提出，要想打造"符合中国当地实际情况的'城市小憩驿站'（罗森的标语），就要面向中国顾客，根据他们的喜好，采用中国独有的设计"。

接着，他这样对我说道：

"希望你务必让罗森的设计满足中国当地的需求。有什么问题我担着。"

我对他这番充满男子气概的英明决断表示赞同，就这样，**在大连和重庆分别诞生了崭新的罗森店铺，前者走的是在日本不可能实现的打破常规的工业设计风格，后者走的是面向儿童的活泼风格。**

工业设计是再现英国工业革命时代工厂氛围的空间设计。

正如同被誉为"带有男子气概的设计"那样，它凭借大量使用粗犷的金属材质等营造出的高冷氛围，近几年人气渐长。虽说如此，但如果以销售食品和日用品为主的便利店过于高冷，就会给人一种门槛过高的感觉，让人越发难以轻松地进店。此外，个性太强的设计也难以推广部署连锁店铺业务。

于是，我将各地的连锁经营推广都纳入考虑范围，在此基础上设计了调整后的"土酷罗森"，以方便顾客轻松进店。

如果在设计上彻底走帅气路线，可以更加简洁且充满未来风格，但我优先考虑的是营造出一种便于当地人轻松进店的氛围。

一面玻璃的店铺外观和商品陈列货架着重采用了黑色铁元素，收款台等地方则装饰上了木质材料。

中国大连的"罗森"在设计上采用了强调黑色铁元素的
工业设计风格。

结果营造出了欧美时尚食品店的氛围，很快就成为人气店
铺。此外，我经手的位于重庆的"儿童罗森"店铺，其目标客

照片上：中国重庆的"儿童罗森"以父母和孩子为目标客群，采用活泼风格的设计。
中：一面为玻璃墙的店铺堂食区充满了咖啡馆的氛围。
下：墙壁上装饰着吸引孩子目光的可爱图片，营造出欢乐的气氛。

群为父母和孩子，**采用的是让人玩心大发的设计，孩子们在这里会感到特别兴奋和快乐**。

顺便一提的是，大连人的平均身高较高，重庆人略矮。所以，我**在收银台的高度上做了微调，大连的略高，重庆的略低**。

之所以选择顺应目标客群的设计，是为了不使顾客感受到压力。不能因为反正都是中国店铺，就不管三七二十一地都采用千篇一律的设计。

我所设计的位于大连和重庆的这两家与众不同的"罗森"引起了广泛关注，中国的连锁店加盟很快就增加了两成多。

虽然最初是不合乎常规的存在，但随着需求的增多，现在这家"罗森"店铺的模式正在逐渐成为中国加盟连锁店铺的标准。

因为有规则的制约，或许难以迈出冒险的第一步，但如果能够获得理想的收益，像这样，严格的规则也可以放宽。

我想，在进行店铺设计时，**不要从一开始就轻易下断言"反正这个做不来"，而是需要具有一种敢于打破既有概念的挑战精神**。

在 USJ 尽享欢乐之后的顾客所期待的是？

要打造一家旺铺，**需要对店铺的选址以及目标客层的心理进行分析，选择合乎顾客需求的空间设计，这是万变不离其宗的根本**。

下面，就以我经手设计的"UNIVERSAL CITYWALK 大阪"为例来为您进行说明。它是毗邻"UNIVERSAL STUDIOS JAPAN (USJ)"的餐饮店购物广场。

一开始接到设计委托时，USJ 方面提出"希望设计上带有好莱坞风格，以精心呵护游客们的梦想，使他们在好莱坞电影营造出的充满梦幻般的主题公园尽享一天的欢乐之后，不会那么快就从梦中醒来"。

我十分理解这一点。的确，顾客归途中路过的餐饮店购物中心，作为 USJ 所营造的世界观的延续，有必要带有一些趣味性。

然而，如果都是些和主题公园内的餐饮店大同小异的店铺，游客会感到腻。至少那些带着孩子来游玩的家长们或许会有这种感觉，比如至少晚饭要吃上一口大米饭放松一下，这点儿要求应该不过分吧。

话虽如此，对于那些带着家人前来 USJ 游玩的顾客而言，毕竟孩子是主角，所以也不能勉强他们去迁就父母对晚饭的要求。

于是，我在购物中心内新开业的 "GYUKATSU 京都胜牛" 和 "Gottie's BEEF"，还有重新装修的 "烤肉 karubityanpu" 的入口处，**采用了既能吸引大人又能吸引孩子的设计。**

比如，在 "Gottie's BEEF" 的入口处最显眼的地方，摆上大幅**牛排和大米饭的照片以及合理的价格图示**。看到这些，家长们就会想到 "这里既有孩子爱吃的牛排，又能吃到大米饭，而且价位公道，进去看看吧"。

此外，为了能够即时展示那家店里作为卖点的食材，在入口处**摆放着大块腌渍好的肉和显示腌渍过程的秒表**。在书中第 65 页，我介绍过，人们会习惯地看向带有时钟的建筑，这里采用的秒表也是基于同样的道理。

这里有意识地采用了有趣的显示屏设计，凭借趣味性元素吸引孩子们的注意，他们仍旧沉浸在对游乐场的欢乐回味中。

在 "GYUKATSU 京都胜牛" 的入口处，为了吸引顾客的注意 "这是什么呢?"，**张灯结彩地点亮了数十盏灯笼，还装饰了**

"Gottie's BEEF UNIVERSAL CITYWALK 大阪店"。店铺门口展示腌渍好的肉。

"GYUKATSU京都胜牛UNIVERSAL CITYWALK 大阪店"。采用灯笼和牛面吸引人们的注意力。

"烤肉karubityanpu UNIVERSAL CITYW ALK 大阪店"。橱窗中展示着吸引孩子们注意的玩具。

带有巨大牛面的神社架子和香火钱箱。此外，在店铺门口挂起带有"大米"和"60秒就炸好"字样的巨大横幅，直接向顾客展示并刺激他们的消费需求。

此外，在"烤肉 karubityanpu"的入口处，在展示橱窗里配上了玩具等物品，这样精心的设计会让孩子们欣喜地发现"啊！这里竟然有这样的东西!"，从而享受寻宝的乐趣。这些设计无一例外都是以"土酷"理念为基础的。

这类创意都是在我直接坐镇餐饮店购物中心，**对顾客的购**

买动向进行全天候的仔细观察后才提出的。

结果大获成功,以往这些店铺大多是被从 USJ 出来后往家走的顾客们冷落的对象,而现在全都提升了营业额。

尤其是"Gottie's BEEF"在购物中心内的店铺中销售额第一,"烤肉 karubityanpu"则同比增长了 147%。

虽然这些店铺都不是与好莱坞的世界观相绑定的,但关键在于,设计要与光顾该购物中心的目标客层的需求直接相关。

并不是因为它们毗邻 USJ,所以设计上只要外观好看、贴近好莱坞风格就好,也不会因为客流量大就能顺利招揽到顾客。

并非全部按照入驻设施方的指示和要求去做就万事大吉,而是需要根据自身情况分析目标客层的心理,并结合具体需求进行精心设计,这才是打造旺铺的秘诀。

排队并非自然形成，而是刻意而为

要打造一家门前排起长龙的店铺，并不是一味等待自然就会有人排起长龙，关键在于店家主动去巧思布局。

比如，在购物中心的美食广场，不知为何，经常会看到"丸龟制面"的门前有排队的场景。

从旁观者的角度来看，似乎"丸龟制面"比其他店铺的人气要旺。

说起来，"丸龟制面"的业态是，顾客自己往乌冬面里添加喜欢的配料并在收银台进行结算，店里采用的是现付自提的方式，所以顾客排队是再自然不过的事。

也就是说，只要采用"门前排成长队的机制"的"丸龟制面方式"，**店铺门前就会排起长队，并呈现出网红店的外观。**

TORIDOLL 控股集团在美食广场开设的"豚屋 tonichi"和"肉のyamaki 商店"也一样，导入了可以令顾客排队的"丸龟制面"方式。

顾客也一样，在能享受到亲自定制的乐趣的店里，不会感受到排队的压力。

在店铺进驻美食广场之际，必须从空间设计上考虑到方便顾客排队的动线。

人类的大脑里**有被称为"模仿脑"的神经细胞"镜像神经元"，所以一看到很多人在排队的场景，就会受到从众心理的驱使而表示"自己也想排排看"。**

如果安排几个临时雇佣的"托儿"营造出排队的气氛，普通顾客就会受到煽动而成群地排在后面。这也是"模仿脑"在起作用。

此外，如果"门前排成长队的店铺"这一消息通过社交网络等口口相传扩散开来，人们就会想"**自己也一定要去尝尝看**"。

这是被称为"**从众效应**"的心理作用，一想到受大多数人欢迎，就会产生一种强烈的心情，自己也迫不及待地想要去分一杯羹，而不会事先认真思考其行为的内涵。

其他还有像采用"一天限量 30 份""关西地区入驻第一家！"等展现限定感和尝鲜感的商家标语时，稀有价值就会提高，人们由此会产生一种**"一定要品尝一下这珍奇美味看看！"**的消费冲动。

门前排成长队的店铺，正是巧妙地利用了这种**"稀有价值魔法"**。

即使菜品相同，如果没有稀有价值，任何人都不会产生想要尝试的欲望，更别提排队了。

在第 1 章里，我讲过开在风口的店铺早晚会倒闭，就是因为这种稀有价值魔法所带来的效果终究会消失殆尽。

如果了解这种"排队的法则"，就能巧妙地运用它来打造店铺门前的长队，招揽顾客。

即使排队等待也不会感受到压力的待客氛围的营造

有这样一种现象：如果门前排成长龙的人气店铺旁边有一家相同业态的竞争对手店铺，就会有人放弃排队转而移步于竞争对手店铺。

比如，在 AEON MALL 宫崎，"ikinari 牛排"开业当天，从上午开始就排起了长龙，紧挨着它的"Pepper Lunch"门前的队伍也比往常人要多。

一旦心中打开了"无论如何都想吃……"的开关，就不太容易切换到其他食物，因此会发生这种过渡性现象。

这也是**"排队的法则"**的一个效果。

其他还有，由于店面狭小、容纳空间有限而导致的排队，或者因烹饪时间较长、周转率下降而门前排起长龙的事例。

另一个案例是，我曾经手过的一家拉面店，尽管店铺空间充足，店家在委托我设计时还是表示**"我们想打造出门前排起长龙的景象，希望把餐位故意设计成只有吧台处的 8 个位置"**。

即使餐位的布局设计得绰绰有余，如果选择座位表面距离地面较高的吧台座椅，顾客在店内的滞留时间自然会缩短，周转率并不会下降。

可能这个例子有些特殊，根据餐位的布局设计，也可以战略性地打造出排队的景象。

不过，顾客在排队等待时会感到压力倍增，所以在顾客等待期间必须做好待客服务等的跟进，比如夏天提供凉爽的大麦茶，冬天提供温暖的绿茶等。

我认为，**从顾客排队等待的时间开始就着手提供待客服务尤为重要**。

在中国等国家，大受欢迎的火锅连锁店"海底捞"，等候时间 2 小时起步是很正常的现象，然而顾客们都会耐心等待。

这是因为，在咖啡馆一样的等待区里，顾客在等待期间可以享受免费的美甲服务，享用免费的零食及饮料，还能在大屏幕上享受游戏的乐趣，服务真的是无微不至。

不如说，顾客们似乎已经把享受这些服务也当成了来店的目的。

这可以称得上是一个等待时间本身也是店家用来款待顾客的好机会的代表性事例。

　　如果把等待区设计成令人可以享受到等待时光本身的趣味性空间，那么不仅餐饮店，**就连银行等金融机构**或许**也能提升顾客服务质量**吧。

店铺和员工的审美之间是否存在错位？

对于顾客而言，接待顾客的员工会成为店铺的门面。

比如，在服装店销售的服装明明是雅致的保守款，而店员的穿衣风格如果走前卫女孩的时尚路线，会令顾客感到一种违和感。

美容院也是，如果员工的个性过强，就不免会令顾客感到不安："如果这个人给我理发，会是什么样的发型啊……"

如果店铺的氛围与员工的品位之间存在错位，顾客就会感到"总觉得有哪里不一样"，因此渐渐地就不会再次光顾。

为了避免此类问题的发生，我推荐员工身着**符合店铺形象的"制服"**。

我认为这也是空间设计的重要因素。

在前文介绍过的我的店里，员工白天是清一色的 T 恤和围裙，夜晚则身着统一的厨房制服。通过昼夜制服的改变，即使是同一家店铺也能营造出不同的氛围。员工身着制服，会令顾客感到"安心感"和"特别感"。

即使是兼职员工，穿上制服，也会莫名地产生一种身为**"专业人士的感觉"**。

因为员工的形象和店铺的形象是重合的，所以必须注意全体员工的穿着。

并非只要播放流行音乐顾客就会高兴

店里播放的背景音乐和空间设计是联动的。

顾客并非会因店里的有限频道在播放流行音乐而感到高兴，而且如果每家店里都流淌着类似音乐，就无法体现出自家店铺有别于其他店铺的差异化。

比如，一家米其林星级高级荞麦面店里流淌着爵士乐。

说起荞麦面，往往容易让人联想到日式风，而只要爵士乐响起，就会一下子变成现代风。

另外，也不一定有播放背景音乐的必要，**如果店内是流淌着令人舒适的自然音的场所，像河水的流动声和动物的鸣叫声等，也可以作为背景音乐使顾客陶醉其中。**

烤肉店的话，可以故意将**"滋！"的烤肉声响**作为背景音乐在店内播放，以勾起顾客的食欲。

听说有一家天妇罗店，在店铺门口播放**"啪啪！"地油炸天妇罗的效果音**来营造气氛，结果营业额提高了 20%。

采用直接诉诸五感的声音来营造氛围，与香气的氛围营造类似。

甜品店在店铺门口特意让空气中飘散着香甜的气味，或者像在鳗鱼店门前那样，人们一闻到熟悉的香味，就不由得涌起想要大快朵颐的愉悦心情，其实这些做法都是抓住了这种顾客心理。

我曾经有一次走进有江户时代风情的干鱼快餐店"shinpachi食堂"，在那里的洗手间听到的背景音乐是传统单口相声。

那家店的经验理念带着些许古雅风，展现"江户时代的渔夫对捕来的鱼进行烹饪的场景"。在传统单口相声那绘声绘色的讲述声中，江户时代的世界观呈现在人们眼前，完美地契合了店内空间设计的主题。

我曾经参与过"中卯"原创进门铃声的制作。现在店里还在使用，各位或许也曾听过。

进店时如果响起那家店铺固有的旋律，就会令顾客在每次进店时都感到一种依恋之情。

比如，全家（Family Mart）便利店的进门铃声，也在广告中使用，而且还是智能手机的短信提示音。在自己家里一听到这个铃声，就会联想到"啊！是全家"，进而联想到全家便利店的空间。也就是说，**原创的进门铃声也和店内空间发生联动。**

在进行店内空间设计时，或许可以尝试把这一方面纳入考虑范围，您觉得如何？

我认为，**借助于声响进行品牌创建和促进揽客的效果**，还有很大的拓展空间。

即便洗手间的设计也不能敷衍了事

　　虽然人们的注意力往往容易集中到店铺外观和室内装修的设计上，但不能忽略的是洗手间的设计。

　　这是因为，在店里顾客能够独自一人重整旗鼓稍作休整的地方，也就只有洗手间单间的空间了。

　　书中第 90 页已经讲过，能让人实际感受到从 ON 切换到 OFF 那一瞬间的店铺，回头客更多，其实洗手间也和这一切换相关。

　　周转率较高且面向商务人士的店铺中，有的提供简洁的洗手间，还有的不带洗手间。

　　然而，洗手间涉及生理现象，仅是想到不带洗手间就可能让人感到不安和压力，并因此从顾客心中的店铺候选项中被剔除出去。

　　店铺的空间设计无论多么美观，**如果洗手间让人感到不舒适，甚至还会拉低顾客对店铺的整体印象**。

　　相反，如果追求店内的舒适感，包括洗手间的空间设计在内，就会让顾客深受感动，"竟然连洗手间这种地方都考虑得这么周到!"

在第4章里将为您展开详细的介绍，在我经手过的"黑色吉野家"里，洗手间的整面墙采用了模仿观叶植物的绿色，营造出令人身心放松的绿洲之感。

此外，我所设计的 craft beer 店"TAP×TAP 神田店"，洗手间空间非常狭小，所以采用了不会令顾客感到压力的设计。

因为不能扩大空间，所以为了使顾客不因空间太过局促而感到使用上的不便，**在洗手间的门和墙壁等上面标识出显示人**

"TAP×TAP神田店"的洗手间。在门上挂包或者给智能手机充电，在视觉上表现出摆放设施物品的顺序。

们行走动线的巨大数字和图标。

结果，顾客可以高兴、顺畅地走动，甚至还有人带着享受游戏乐趣的心情按照号码走动，不再为洗手间的空间局促感到不自在。

顺带一提的是，这个洗手间的设计灵感是来自在有限的空间里起卧的胶囊酒店。

在当今的时代，大部分人都在洗手间内滑动手机，因此还必须考虑到在洗手间的设计上保留**可以充电的空间**等。

另外，在年长者较多的店里，洗手间距离餐位较近，以及洗手间的空间宽敞且**无障碍**等因素都要纳入考虑范围。

在洗手间的设计上也不能偷懒，这样才可以给顾客**留下"安心感"和"清洁感"以及"细致入微的宾至如归之感"的印象**，从而提升店铺的整体形象，成为顾客心中"下次还要再来"的好店。

洗手间的设计也一样，不是仅靠好看就能让顾客高兴，而需要优先考虑使用感受的功能性，进行"土酷"的设计。

COLUMN
无论是社交网络上的宣传，还是平面设计，都应专人专办

　　门前排成长龙的店铺，其设计不可或缺的是，社交网络宣传和平面设计。这两方面，都可委托专业人士来提升品质，从而精准地唤起目标客群的消费需求。

　　在当今时代，通过社交网络提升揽客能力是必要的，然而也有不少店铺，明明很完美，却由于在社交网络上的宣传没有到位而与旺铺失之交臂。

　　这是由于店主自己不习惯使用社交网络，大多把社交网络的宣传工作委托给年轻的兼职员工，或者利用工作间隙在网上发帖。

　　然而，兼职员工和店主在对店铺的感情上存在着差异，因此我不建议委托给兼职员工的做法。

　　通过社交网络进行宣传是当今店铺运营最为必要的广告营销活动，所以必须全力以赴地投入，而不是仅利用工作之余的空闲时间。

　　尤其是，仅凭一个拍摄手法就能使一道菜品看起来比实物

更加美味，但也可能更加糟糕，照片的品质与营业额直接相关。

我经营的"OLL KITCHEN"，在将店铺信息通过 Instagram 或者 Facebook 进行宣传时，全部委托给专门擅长摄影的社交网络专职员工。

为此，常有顾客在看到专职员工上传到 Instagram 的菜品照片后，来店表示"我想品尝那道菜"。

与店铺菜单等相关的平面设计也委托给专职员工。餐饮店不仅要有室内装饰设计，也不能缺少菜单等平面设计的氛围营造。

如果委托给专业的平面设计师，会花费相应的成本。然而，如果是具有很好的理解力并能表达出店主意向和店铺理念的能力的人，即使是美术大学的学生也可以胜任。

如果身为门外汉的店主自己动手设计，不会产生具有广告宣传诉求力的效果，因此我建议设计的部分外包。

第 4 章

牛肉盖饭店的招牌
为何是橙色的？

通过空间设计提高工作效率、周转率和收益！

进入 21 世纪以来，连锁店急剧增加，此次受新冠肺炎疫情的影响，连锁店面临着大规模关闭的危机。要想在今后的时代生存下来，就必须设法提高店铺的"赢利能力"。

连锁店的赢利能力在很大程度上取决于店铺的空间设计。

在本章中，将结合连锁店的各种事例，为您介绍通往旺铺之路的设计。

当然，设计方法论不只有一种，我的做法是根据目标客群的特点从不同的角度灵活地采取方法应对。

除了前面介绍的"土酷设计"外，我还想谈谈其他方法论和设计要点，后者对于不只拥有连锁店，还同时经营多家店铺的人来说具有高度的可复制性。

为了提高连锁店的赢利能力，首先**必须通过空间设计提高周转率**。因为单价较低的连锁店，周转率越高，收益就越高。

要提高周转率，首先要**提高员工的工作效率**。要提高工作效率，**便于员工操作的功能性空间设计**就变得至关重要。

比如，"KATUYA"厨房的布局设计极为高效，员工的工作空间得以压缩到最小程度。

厨房有一套单通道皮带输送自动化烹饪系统，当员工收到顾客点餐后，只要将裹好粉面的猪肉放入热油中，焦黄色的炸猪排就会自动炸好。

之后，员工只需在餐盘上摆放好猪排和卷心菜，就可提供给顾客，因此工作空间得以压缩到最小。与之相应的是，由于可以增加顾客的就餐空间，所以有助于提高周转率。

此外，由于可以快速提供新鲜出炉的酥脆猪排，既提升了顾客满意度，又提高了回头率。

再者，即使兼职员工也可以轻松地烹饪，员工人数也得以减到最少，还可以降低人力成本。

像这样，采取能够高效操作厨房的设计，**可以最大限度地减少工作空间、人员、成本和烹饪的"浪费、不合理、不规则"**，从而有利于**提高收益**。

其他还有，在诸如"KURA寿司"和"HAMA寿司"等的寿司连锁店，通过引入自动捏制寿司的寿司机器人，提高了工作效率。

126

另外，在许多连锁店，"中央厨房"方式已经成为标准，它将烹饪功能都整合到一处。

有了中央厨房，可以简化食材的准备和加工等工作，这样不仅提高了烹饪间员工的工作效率，还能使每家店铺的厨房空间变得更加紧凑，从而扩大顾客的就餐空间。

我在日本和海外经手设计过为数众多的餐饮连锁店，并研究过各种各样的最新操作系统，我认为，**日本餐饮连锁店在工作效率和周转率方面拥有世界一流的空间设计水平**。许多海外的餐饮店老板都前来日本取经，学习日本的店铺设计。

反过来讲，**在日本，由于国土狭小，店铺空间有限，如果不采用提高工作效率和周转率的空间设计，就可能无法生存下来**。

当工作效率和周转率都没有提升的空间时，也可以探讨一种解决方法，即像"KATUYA"那样，利用机械化来节省厨房的空间。

当然，并非什么都是靠机械化来提高工作效率。

比如，"丸龟制面"的所有门店都是用面粉做乌冬面，并特意将制作面条的耗时费力作为店铺的卖点。

这是因为"丸龟制面"的理念是"这里的乌冬面是有生命的"，所以让顾客品尝到现场手工制作的生乌冬面那特有的"丸龟口感"，是他们最大的诉求点。

另一方面，如前文所述，"丸龟制面"采用的现付和自提方式，顾客可以自助选择配料添加到乌冬面里，然后自己端到座位上，因此员工可以专注于厨房的工作，店内实现了高效的系统运转。

要打造一家旺铺，如何甄别鉴选也变得十分关键——**应该在什么方面提高效率，又该在哪些方面下功夫。**

向 CA 学习高效运作！

客舱乘务员（CA）是节省空间和高效工作的达人。

在新冠肺炎疫情肆虐之前，我每个月都去海外出差，每次乘坐客机，都觉得从 CA 那毫不拖泥带水的举止动作中能学到很多东西。

CA 的一举一动是经过周密计算的，为了系统地完成所有工作，从到达目的地的那一刻起进行反向推算。

在有限的时间内迅速确认乘客安全并提供周到服务，在狭窄的过道上移动餐车，发放食物和饮料以及回收，这些动作每一个都不是多余的，而且前后衔接流畅。

如果是大型客机，其过道长度有时可能长达 70 米，但紧凑地容纳了大量乘客的餐食和饮料，并在狭窄的过道上移动的餐车就好像是一个迷你型摊位。

客机内的这种高效运动和规格，为我思考餐饮店的后厨和餐位的布局设计带来了极大的启发。

员工可以舒适自在地在后厨和大厅走动，在具有这样空间布局的店铺里，没有多余动作，可以高效、快速地工作。

此外，如果员工的工作效率提高，比如，以往要 3 个人完成的工作现在只需要 2 个人就能完成，从而能有效地降低人工成本。

再者，由于劳动时间也可以缩短，比如以往要花费 1 小时的工作现在只要 40 分钟就能完成，从而能有效降低加班成本。

我 20 多岁时第一次经手的"中卯"店铺只有 20 坪①，而且是两层楼，因而店内需要楼梯空间。

于是，我把**厨房 60% 的空间都缩小了，以最大限度地确保顾客的就餐空间，并提出了一项布局设计，可以在后厨高效而紧凑地走动**。

不过，如此大胆地缩小后厨空间是有违常识的禁忌做法。我担心，或许客户会大发雷霆吧，结果销售经理对这一设计赞不绝口，"这样一来，厨房里的工作效率反倒是好多了。大西君真是太棒了！"

以此为契机，我开始被委托负责以西日本为中心的"中卯"的众多店铺的设计工作。

在"中卯"引入单打独斗的工作模式时，我也参与了设计工作。采用这种模式，员工能够独自顺利完成从招待顾客到烹饪，最后到结账的工作。

后厨设计的效率提升，虽然与华丽好看的设计不同，但对于店铺收益是非常重要的。

---

① 注：1 坪合 3.3057 平方米

为何只有当员工身心愉悦时,店铺收益才会增加?

采用员工可以进行有效工作的空间设计,还有另外一个巨大优势。

在可以顺畅走动的空间里,员工的压力得以减轻,因而笑容会增多,表情会更加丰富。

这将使员工之间的沟通变得更加圆满顺畅,并改善待客态度,从而营造良好的店铺氛围。

店内氛围越好,顾客会越感到舒适,回头客会越来越多,从而增加收益。

像这样,只要采用空间设计提高工作效率,就能**"减轻员工压力"**、**"增强员工沟通"**、**"改善待客服务"**、**"增加回头客"** 和 **"提高收益"**,就像发生连锁反应一样,好事会接踵而至。

相反,在工作效率低下的店铺,员工的压力和疲劳越来越大,会在不经意间流露在表情和态度上,从而使整个店铺都笼罩在一种消极的气氛之中。

无论多么时髦的店铺，如果员工表情阴沉、疲惫不堪，并且待客态度消极，顾客会感到不舒服，以后再也不会光顾。

此外，如果员工自身感到压力，也不会久留，新员工的稳定性会降低，店铺在旺季时会陷入人手不足的困境，同时还会产生人员招聘的麻烦和成本增加的可能性。

要想改善员工的待客态度，仅凭严格遵守工作手册和进行教育指导，其作用是有限的。**不仅要对员工工作的厨房等进行空间设计，还需要将员工的休憩空间也打造成让人可以在其中舒适度过的空间。**

从表面上看是豪华餐厅，员工专用的后院有时却是杂乱的空间，全然无法与店内的优雅氛围相提并论。

尽管舞台华丽，如果后台像破旧不堪的小作坊一样，演员们就会失去干劲儿，也不会献上精彩的表演。

即使没有准备宽敞的休息空间或者无法多花成本，也要为员工提供一处舒适的空间，在墙壁上张贴带有令人感到空间宽敞的图案的墙布，放上坐起来令人感到舒适的椅子和垫子，员工在此可以松一口气，放松身心。

正如第 3 章的"抓住 ON 切换成 OFF 的'无力瞬间'"和

"洗手间的设计也不能偷懒"所讲到的那样，即便只有 5 分钟的休息时间，如果是让人感到身心舒适的空间，人们就可以顺利地完成 ON 和 OFF 的切换，并得以在此恢复元气。

在员工的后院种上一片草坪绿洲

据说，NASA（美国宇航局）在 20 世纪 90 年代进行的一项实证研究显示，只要在白天打盹 20 多分钟，注意力会提高 54%，认知能力会提高 34%。

在工作中稍微打盹被称为"动力打盹"，在欧美，有越来越多的企业设置了"动力打盹"的空间。

如果员工在休息时间稍微打个盹，就可以提高注意力和认知能力，这将有助于预防工作失误，还能提升服务质量。

据说，这世界上有许多重大事故都是由于疲劳堆积和压力过大，导致注意力不集中造成的人为失误。

当人在工作中持续紧张时，自主神经的交感神经就会持续占据主导地位，压力和疲劳感会不断堆积。

特别是，由于服务行业会受到顾客目光的注视，在工作中放松自我和窃窃私语都受到限制，像打呵欠那样正常的生理现象都必须忍耐，时刻保持着一种紧张状态。

只有休息空间和洗手间是可以使店铺员工身心一下子放松、

舒缓紧张情绪的地方。**员工也需要一个 ON 和 OFF 互相切换的空间。**

要想让休息空间成为治愈员工身心的"绿洲"，比如在员工休息室里铺满草坪怎么样？

员工因为站着工作，双腿又酸又累，如果有草坪，就可以光着脚在上面放松一下吧。

我想，还可以在便利店的收银台后面也铺满草坪。收银员的脚边生长着一片茂盛的郁郁葱葱的草坪，如果员工能边工作边光着脚去感受脚底那浓密柔软的草坪触感，或许在待客时自然就能向顾客展现出轻松的笑容吧。实际铺满真实的草坪可能会有些困难，但哪怕只是在员工的后院铺上像草坪那样舒服的地毯，也可以显著减轻站立工作的压力。

不仅是便利店，各种服务行业也一样，重要的是员工后院空间的设计也不能有丝毫懈怠。

背靠背的社交距离

在后疫情时代，有必要在餐位布局上下一番功夫，将社交距离考虑在内。

"那家店座位很挤，还是算了吧。"

"那家店尽是面对面的座位，尽量别去了。"

如果被顾客这样敬而远之，会对收益产生很大影响。虽说如此，但为了提高收益，也必须切实确保餐位数量。

我认为餐位的布局设计与**"拼图"**相同。

对于确定好的空间，将通道宽度和下水位置等诸多条件都视为拼图碎片，并彻底思考完美契合的布局。

当我在思考店铺的布局设计时，脑中就像玩游戏**"俄罗斯方块"**那样，有拼图碎片在来回移动。

前文讲到的把"中卯"的厨房空间压缩到60%时，我脑中也在边移动拼图碎片边进行思考。

在决定用来作为店铺大厅的空间里，如何能在顾及社交距离的同时，布置众多餐位？——如果像排列拼图那样来思考这个命题,首先,由于相向而坐的餐位的飞沫风险最高,会令顾客感到不安,所以应该尽可能减少。

此外,相邻餐位必须保持一定距离,因此店铺整体空间有限。

但是,如果是背靠背的座位,由于飞沫风险较低,而不需要在座位之间空出太多距离。也就是说,如果增加背靠背座位的组合,自然就可以确保餐位数量。

如果为应该如何布置餐位以避免拥挤而感到烦恼,我认为**增加背靠背的餐位可以很好地解决这一难题**。

最近,分隔餐位的隔断挡板也在迅速普及。

然而,即使是薄而透明的挡板,只要在餐位之间放上一块,顾客也会感到压力和不适。

过去的电话亭四面透明,一进去就会让人感到空间上的逼仄局促。只要有一块用来分隔空间的挡板,人们就会感到有压力。

现在,在电视的综艺节目中,表演者之间被透明挡板隔开的景象也已经变得十分普遍,但仍有不少艺人表示他们感到很不舒服。一位人气艺人曾吐露:"有挡板的话,在表演小品时,我就很难做到和搭档的即时互动。"无论是电视台演播室还是店铺,挡板都带来了压力。

我想，在后厨和吧台餐位之间安装透明挡板作为隔段乃无奈之举。但除此之外，我认为，可以通过改变布局设计来增加背靠背的餐位加以解决。

　　这种布局设计的更改，不仅要在图纸上进行思考，关键是自己要亲身去进行各种尝试。

　　我曾使用泡沫塑料制作和实物一般大小的厨房设备、吧台和椅子等，进行了诸如"走几步能到吧台"和"在几分钟内能上菜"等的模拟演练。因为如果不伴随着直接真实的感受，当实际更改布局设计时，可能会出现顾客和工作人员难以走动的结果。

　　在空间狭小的店铺里，社交距离这一课题令人感到非常伤脑筋，但通过在实际模拟的同时，下功夫对布局进行设计，可以在不影响安全性和舒适性的情况下确保餐位数量。

与其容易弄脏，不如故意"做旧"

"明明是时髦的高档店铺，地板的大理石上却沾着鞋跟痕迹，非常醒目……"

"明明是高冷的流行店铺，空调和通风扇上却沾着污渍，真是可惜……"

"明明是因美味而受到好评的店铺，地板却是黏糊糊的，令人感到不舒服……"

有些地方，员工因为每天司空见惯而不介意，但顾客会敏感地意识到。**无论外表打扮多么时髦，如果在细节之处让人感到"脏"、"不干净"或"不舒服"，即使是有着多年深厚基础的感情也会一下子冷却掉。**

比起满不在乎地穿着带有污渍衣服的美女和帅哥，衣着朴素却干净的人更能令人感到舒服自在。

如果追求时尚却带有明显的污渍，这样一来会前功尽弃，**虽然带有"一点儿土气"，但优先考虑清洁感更重要。**

在后疫情时代，如果店铺不给人以干净的印象，人们是不会前来光顾的。即便稍微有点儿污渍，但在顾客看来，也是"以一当百"。他们会觉得"肯定其他地方也没有好好打扫"！

特别是由于餐饮店提供的都是入口的东西，所以**彻底保持清洁万分重要**。

尤其对于大企业运营的连锁店，顾客的审视往往会更为严格。

"对面三间和左右两邻都要好好打扫"——这是"摩斯汉堡（Mos Burger）"的创始人樱田慧先生的名言。这句话在餐饮连锁店行业已经流传甚广。

由于清洁是影响招揽顾客的一件大事，所以也有一些连锁店将清洁工作外包给专门从事清扫的专业人士，而不是交给兼职员工。

为了避免发生顾客提出索赔或在社交网络上传播负面消息的风险，必须保持彻底清洁。

"KATSUYA" 的成功源自没有特意求美

以提供炸猪排和炸猪排盖饭等油炸食物为主的 "KATSUYA",采用的是有效应对油污的室内装修设计。在第 1 章已经介绍过,墙壁和餐桌上容易沾有油污,可以使用易于擦去油污的材料,从而使清洁工作变得更加容易。

树脂材料便于进行如清扫等保养工作,但因为它看起来光滑简洁,所以无论怎样都会使整个店铺给人留下廉价的印象。

然而,如果采用这种材料,即使沾上油污,员工也能迅速打扫干净,店内能够经常保持清洁的印象。

与外观上虽然美观但墙壁和地板都较脏的店铺相比,稍微带点儿土气但清洁的店铺,更能给顾客留下好印象。

部署推广 "KATSUYA" 运营的 ARCLAND SERVICE 控股集团的臼井健一郎社长,非常了解这种顾客心理,他坚持贯彻以下理念:特意不打造时髦的内部装修,而是优先考虑以清扫性能为首的功能层面。

当新冠肺炎疫情第一波来临时,连锁餐厅陷入严峻困境,但"KATSUYA"2020年7月的业绩同比增长了约107%。

虽然也有他们加强了外卖服务这方面的原因，但首先，如果顾客没有"那家店干净"的这种"信任感"，外卖需求也就不会增加。

我认为，"KATSUYA"通过刻意在店铺设计上选择不时髦的做法，赢得了顾客的"信任"，从而提升了营业额，从这一点看，它是真正体现了"土酷"的店铺。

像"KATSUYA"那样，炸猪排和中国菜以及猪骨拉面等，这些无法避免油污的店铺，地板等地方总是会油腻黏滑，容易滑倒。

如果顾客因油污滑倒而受伤，或者弄脏衣服，就会找店家索赔。

可以说，解决油污的措施对于保护顾客的"安心感和安全感"而言，也是必不可少的。

较之流行风格，选择传统风格

如果是年头久远的老字号招牌变黑，或者像别致幽雅的传统民居那样的店铺，顾客不会觉得"不干净"或者"陈旧"。

相反，顾客会主动给出正面解释，即使有发黑的污垢，也会觉得"别有一番韵味"，即便看到陈旧家具，也会觉得**"历史悠久的店铺果然气场不一样"**。

当然，这并不是说这类店铺就可以在清扫方面懈怠，只是说有时顾客不会认为陈旧 = 不干净，反而会从陈旧中发现价值。

这与故意对新牛仔布的面料进行划痕和褪色等损坏处理，使牛仔布的价值翻番儿上涨的做法极为相似。

在店铺的空间设计中，通过室内装修和陈列，营造出一种年代感，可以唤起这种感觉。

比如，故意给新开业的店铺配置带有古旧感的复古家具，故意在新墙壁和地板上留下划痕，或者将油漆弄成部分剥落的感觉，可以**营造出一种虽然使用年头已久却洗练高雅、怀旧别致的氛围**。

此外，特意将带有怀旧感的物品放入店内，还能给予顾客一种安心感，就好像已经熟悉多年一样。

我印象最深的是以前到访过的中国一家名为"老婆"的家庭中餐馆。

这是一家人气连锁店，在北京和上海等中国各地都开有分店，老旧的收录两用机和用旋钮换频道的电视机、生了锈的旧式自行车等，在店铺四处不经意地被陈列出来，不由得令我产生了一种仿佛时空穿越般的奇妙感觉。

此外，在香港的一家奶茶专卖店里，老旧的招牌像艺术陈列品一样展示出来，巧妙地营造出一种对香港旧日美好时光的怀旧氛围。

如今，在中国的大城市和中国香港，由来自世界各地的建筑师们设计的新颖建筑林立，追求美观的现代风格的店铺鳞次栉比。在这样的城市中，如果有这样一家萦绕着浓浓的怀旧气息的店铺，反而会给人留下深刻印象。

美国精神科医生罗伯特·巴特勒（Robert N Butler）提出的心理疗法**"回想法"**指出，当看到令人怀念的玩具和照片，或者聆听曾经流行过的音乐时，会**唤醒自身的难忘回忆，带来精神放松的效果**。

当触摸令人怀念的物品时，会感到充满酸甜的乡愁，就像回到童年一样，心灵会得到治愈，就是出于这种心理作用。

在店铺设计方面也是一样，比起一味地追求流行的酷，刻意汲取与这种主流审美背道而驰的充满怀旧的味道，可以为顾客提供一个更加舒适的空间。

"犹抱琵琶半遮面"之激萌效果活用术

即使有自己看不见的部分，人们也会在大脑中展开联想并浮现出图像来。比如，给你看 1 张大草原的照片，上面只拍到带有黑白相间条纹的 4 条腿，再问上一句："这里有什么？"

恐怕连小学生都会回答："有斑马！"

实际上即使看不到完整图像，视觉信息也会经常在大脑中不断地被校正和识别。

视觉和大脑的这种认知作用也可以被很好地运用于店铺的展示方法上。

比如，当看到厨师在后厨烹饪的场景时，顾客就会感到兴奋不已，有一种像正在观看烹饪表演一样的临场感。

不过，我认为，没有必要让厨房成为一个可以从餐位上一览无遗的"开放式厨房"。

这是因为，厨师在烹饪过程中会处理肉和鱼的内脏以及蔬菜的边角料等看起来不太干净的东西，所以如果将开放式厨房里的一切都事无巨细地展现出来，反而给顾客留下负面印象。

如果目的在于向就餐的顾客传达出一种厨师动作麻利、如行云流水般的气氛，那就无须展现手头动作，只展现厨师肘部左右的动作就足够了。

比如，在厨师的手边展示食材，或者安装半透明的茶色玻璃隔板，就可以不经意地遮住其手头动作。

这样一来，即使顾客看不到细节，也会产生诸如：

"现在好像是在分解鱼。不愧是专业人士，动作就是麻利啊。"

"好像是在用水果给菜品作装饰。好期待摆盘后的样子啊！"

等想法，让人越发浮想联翩。

"犹抱琵琶半遮面的效果"，不直白地展现全部，反而可以更好地提高顾客的期望值。

抓住胃的"一览无余"表演

"想把面条倏地过水的场面帅气地展示给顾客看。"

早些时候，有家新加坡的拉面店委托我做店铺设计时，店主这样告诉我。然而，我告诉他，"展示的不应该是帅气地把面条过水的姿态"。因为，很多拉面店在意的主要是汤汁，而不是面条。店里并不是等顾客点餐后才开始熬制汤汁的，所以顾客不知道一家店里的汤汁是如何熬制而成的。

对于顾客而言，**汤汁的熬制工序是最令他们感兴趣的"谜团"**。

有的店里会附上书面文字，说明汤里都放了哪些食材，但"百闻不如一见"，较之文字信息，直观的视觉感受更能牢牢地抓住顾客的胃。

这不过是一种创意而已，如果是我来设计，我会将熬制汤汁的巨大的圆柱形锅具设计成耐热玻璃的式样，将食材放入汤中后咕嘟咕嘟地炖煮的过程一览无余地呈现给顾客。

刚才虽然讲到了"犹抱琵琶半遮面的效果"，但在这种情况下，我追求的是一种故意呈现带有神秘感的汤汁的"一览无余的效果"。因为这样一来，顾客就会一目了然地看到"那家店所秉持的汤底究竟是什么"。

如果平时没有机会看到的汤底可以一览无余，

"咦，用这么多各种各样的食材熬制，一定会很好吃！"

"哇，原来还用了这么多奢侈的食材，所以味道才会这么醇厚啊！"

等等，顾客会自行展开各种想象，提升期望值。

重要的不是帅气的面条过水动作，而是重点突出最吸引顾客兴趣之物，并有效地呈现出来。

另外，像什锦烧这种家常菜肴，如果能营造出家里做不来的特别感受，顾客的期望值和满意度就都会提高。

在我经手过店铺设计的什锦烧连锁店"千房"，像铁板烧那样，在铁板上有节奏地把食材"咚咚咚"地切成小块的场面被展现出来，或者**运用照明设计，把顾客的视线都集中到厨师的表演上**，并设计了一个"特别表演"，即厨师把手臂高高抬起，将蛋黄酱从高处撒在菜肴上作为最后的收尾动作。

顾客们会产生一种观赏在自己面前上演的"什锦烧铁板秀"的心情，对厨师的精湛表演的期待值就会随之蹿升。所以，与家庭烹制的什锦烧截然不同的那家店所独有的"高级感"就得以展现出来。

顾客会觉得"我家可做不了这么好"和"只有在这家店才能品尝到这种什锦烧的特别菜肴",从而满意度增加,成为回头客。

照明越暗，客单价越高

店铺照明的亮度对人的心理有很大的影响。

当一个空间里灯火通明时，人们会感到"可以轻松进入"和"安心感"。

相反，如果光线偏暗，人们就会感到"特别感"和"高级感"。

顾客进店的瞬间，就会不知不觉地感知到照明的亮度，因此当店里灯光明亮时，就会产生"总觉得这里是一家价格公道的店"的心理，而当店里灯光偏暗时，就会产生"总觉得这里是一家高档店"的心理。

也就是说，因照明的亮度不同而产生的心理作用会影响到"客单价"。

一般来说，店铺的照明越亮，客单价越低。

反之，店铺的照明越暗，客单价越高。

比如，快餐店这样客单价低廉的店铺，照明会超过 1000 勒克司，偏亮。

然而，即使同样是快餐店，像星巴克咖啡那样客单价略高的店铺，照明则偏暗。

午餐时间，在灯光明亮的"麦当劳"喝100日元一杯的咖啡；傍晚，在灯光偏暗的"星巴克咖啡"即使花300多日元买一杯咖啡，也没有违和感。这是因为，除了味道，还有照明差异带来的心理效果。

高档餐厅和酒店的主餐厅等，都采用以间接照明为主的偏暗色基调，而不是荧光灯那样的明亮光线。

这样一来，顾客会有"特别感"，因而兴致高涨，即使是3000日元一杯的咖啡，也会觉

什锦烧的老字号连锁店"千房"旗下，以上层人士为目标客群的"PRESIDENT千房"的设计事例。店内统一采用令人联想到高级餐厅的高格调内部装饰。

得在可承受范围内。

　　我在进行连锁店的空间设计时也一样，如果是客单价较低的店，我会调高照明亮度，而如果是设计客单价略高的高级连锁店，我就会把照明亮度调低。

　　比如，以什锦烧连锁店"千房"为例，当我在设计目标客层为上层人士的"PRESIDENT 千房"时，在照明设计上，较之其他标准的"千房"店铺调低了照明基调，让人感受到雅致深远的阴影之美。

　　像这样，在思考店铺的空间设计时，需要**将照明亮度给顾客带来的心理效果纳入考虑范围，并制定符合该店铺客单价的照明计划**。

决定店铺第一印象的是"店铺的门面"

当接手转让的店铺重新开张，或者对现有店铺重新装修时，如果没有太多预算，只需改变照明设计，就可以一下子改变整个店铺的印象。

重点是入口的照明，它是"店铺的门面"。

根据美国心理学家艾伯特·麦拉宾（Albert Mehrabian）提出的**"麦拉宾法则"，人的第一印象在相遇后几秒钟就决定了，在决定第一印象的因素中，55%来自视觉信息。**

店铺的第一印象也是一样的。

站在店铺入口的瞬间，满足顾客视野的"店面的门面"决定着顾客的第一印象。

比如，如果是光线照射到入口每一处角落的那种单调的照明，顾客对那家店铺的第一印象就会减弱。

相对而言，当入口运用照明灯光营造出错落有致的光影效果时，顾客会即刻察觉到与外面世界迥然不同的世界观，并产生"噢,总觉得好有气氛!"的感觉,于是这家店铺的第一印象一下子就提升了。

如果店铺给人的第一印象好,顾客的期望值和对店铺的评价也会随之提升。

相反,如果第一印象差,就会因此受到牵连,整个店铺的评价也会随之下降。

换句话说,在设计店铺时,重点要将入口处的照明放在第一位,因为它会影响顾客对店铺的整体评价。

虽然照明是空间设计的重要组成部分,但也无须只纠结于现有的照明器具。比如,在入口处安装写有店铺名称的霓虹灯招牌,也可以起到照明作用。

霓虹灯发出梦幻般的光芒,既可以营造出一种非日常的感觉,也可以成为品牌推广,让店名给顾客留下深刻的印象。

前面提到的我的店铺"OLL KITCHEN"的外观装饰着红色的霓虹灯。在夜晚的道路上,红色霓虹灯亮起柔和的光芒,用来吸引顾客的目光。

此外,如果是窗户大敞开的店铺,还可以将从窗户射入的"自然光线"和夜景的"华灯璀璨"作为店铺的照明。

我经手设计的"华千房惠比寿 GARDEN PLACE 店",位于可以饱览东京夜景的地方。

"华千房惠比寿GARDEN PLACE店"。店内采用可以饱览东京市中心夜景的设计。

这家店铺的魅力就在于它可以纵览东京市中心的高层建筑所特有的光彩夺目的灯光秀，因此我采用的设计是，把店铺的窗户视为屏幕，并把餐位布置得像阶梯式观礼台一样。

最大限度地减少店内照明，通过借景的梦幻手法导入了宝石般的璀璨灯光。

这家分店在什锦烧"千房"的连锁店中，是情侣们的首选约会场所，而平民风的什锦烧会在顾客欣赏远处夜景的同时，让其体会到一种与众不同之感，从而越发兴致高涨。

听说，特别是到了圣诞节前后，这家店会被情侣预约满。此外，以东京的夜景为背景，员工烹制铁板烧的场景，非常受赴日游客的喜爱。

美味店铺不可或缺的色彩法则

不同的空间设计，会带来同一道菜肴却更好吃的感觉，也可能产生不太好吃的结果。

比如，如果您在下面两家饭店用餐，您认为在哪家饭店用餐感觉更美味？

【A 店】咖啡棕色地板、浅褐色墙壁、米白色天花板

【B 店】米白色地板、浅褐色墙壁、咖啡棕色天花板

或许多数人会选择 A 店吧？

据说，在与空间相关的色彩心理学中，像 A 店这样，地板是深色的，越靠近天花板颜色越浅，这样不容易让人在心理上感受到压力，能让人感到放松。日本的小学教室等场所也一样，地板是深色的，天花板则发白。

相反，像 B 店那样，地板是浅色，天花板则是深色的，身处于这样的空间中，会感到一种压迫感。因为深色在心理上更

令人感觉沉重，所以如果整个天花板颜色浓重，会让人感到不舒服。

也就是说，如何使食物和饮料看起来更美味、让人觉得更美观的关键在于，在空间设计上采用尽可能不使顾客感到不适和压力的色彩搭配。因为当人处于压力状态时，无论多么美味的食物，都不会感到太好吃。

由于地板和天花板的颜色不能像家具和照明器具那样简单更改，所以请根据地板和天花板色调的深浅平衡来选择家具和照明器具的颜色吧。

店铺室内装修使用的颜色数量**控制在 3 种颜色以内，更能营造出一种平静沉稳的氛围**。因为强调色以外的其他 4 种颜色的使用，会使整个空间看起来杂乱无章，令顾客无法放松。

不过，即使采用同一色调，如果其中混有似是而非的颜色，有时也会适得其反。比如，即使同为黄色系，柠檬黄和芥末黄给人的印象完全不同。柠檬黄有一种明亮澄澈的透明感，而芥末黄中由于添加了红色调和黑色调，所以是有些发黑的暗色调。

柑橘色系清爽的柠檬黄被称为夏天色彩，芥末黄则是高雅的秋天色彩。

在时尚领域有一个理论，如果调和相同色系的东西，会呈现出统一感,从而显得时髦;相反,如果统合色调似是而非的东西,会显得土气,所以要尽量回避。

空间设计也类似于这种时尚搭配。

当色调不同的东西被组合在一起时,就会给人一种土气的印象。在思考店铺的空间设计时,需要考虑到这些色调的细微差异。

此外,人们从颜色上会联想到菜肴的形象。

比如,深红色和柠檬色是意大利、西班牙等南欧系美食,带有朱红色的中国红是中国菜,辛辣的咖喱色是印度菜,像这样,人只要看到颜色,就会自动联想到特定的菜肴。

可以说,在思考店铺的空间设计时,**遵循**这些**便于人们联想到的形象,更容易顺利将特定菜肴的信息传达给顾客**。

即使是同一家店铺,也可以通过更改店铺设计的背景色来改变目标客层。

2015 年,我受"FRESHNESS BURGER"委托提出了一个高雅风的设计方案,即从原有设计的绿色和黄色的色彩搭配变成白色和蓝灰色。

照片上："FRESHNESS BURGER
天满关西电视台前店"。店内统一
采用蓝灰色基调。
下："FRESHNESS BURGER武藏
小今井店"。前身是"麦当劳"，
重新装修成高雅风。

想再次光顾的店铺带有"滋滋作响感"

要想让顾客觉得菜肴"看起来好吃"，关键是要营造出菜肴的"滋滋作响感"。

滋滋作响感是一个表现临场感的词语，如蒸腾的热气，刚焖好的米饭那油亮的光泽，咬下一口就溢出的肉汁，入口即化的奶酪等，刺激五官感受，勾起食欲。

シズル来自英语中的拟声词"sizzle"，用于表现烤肉时的滋滋声响，是设计和广告界常用的术语。

当厨师在顾客面前烹饪的菜肴和端到顾客面前的菜肴带有滋滋声响时，**就会刺激顾客的视觉、嗅觉、听觉、触觉和味觉这五官感受，并越发唤起他们大快朵颐的欲望——"哇，看起来好美味！""现在马上就想吃！"**

为了营造出滋滋作响感，就需要**从顾客的角度来思考色彩和照明的平衡**，比如，选择可凸显菜肴冒着热气的卤素灯泡照明，或者菜肴颜色看起来更加鲜明的白色系照明等。

发蓝的灯光等色调强烈的照明不容易展现菜肴的颜色，应

161

该避免使用。

在我经手设计的"中卯",为了使乌冬面的热气更加明显，我用耐热玻璃替换了锅前的墙壁，并引入了比一般灯泡成本高的卤素灯泡。这样一来，乌冬面订单增加了约7%。

在社交网络上发布的店铺烹饪图片也不能缺少滋滋作响感。

专业摄影师在评估烹饪照片时，使用被称为反射板的道具来反射光线，在菜肴上打出像自然光一样的柔和光线，从而营造出一种滋滋作响感。

"蓬松感""光泽感""入口即化感""汁液四溅感"，在社交网络上发布的图片，关键要拍出让人变得想要放入这种拟声词对话框的照片。

要拍出带有滋滋作响感的照片，必须遵守的原则是拍摄刚出锅的菜肴。

放置的时间一长，菜肴就会变干，逐渐失去光泽，或者蔬菜变得发蔫，滋滋声响感会不断流失。

此外，要避免在昏暗灯光下拍摄菜肴。

要表现出滋滋作响感，建议您在带有柔和自然光线的窗边，或者在白色系的明亮光线下进行拍摄。

为了让顾客产生"我还想去那家店"的念头，无论是店铺的空间设计还是社交网络的照片中都必须体现滋滋作响感。

"吉野家"的招牌为何是橙色的?

招牌的颜色和店铺的形象色彩,与一家店铺的揽客直接相关。

"麦当劳"的招牌是红底黄色的"M"标志。但在美国,原本黄色是主体色,红色没有被用作主体色。

据说,"日本麦当劳"(现为日本麦当劳控股集团)的创始人藤田田先生在看到红灯和黄灯后,决定将在日本推广运营的店铺的形象色彩定为红色和黄色。

人们会本能地注意到红灯和黄灯,所以会自然而然地把视线投向红色和黄色的招牌。这一做法正是为了追求此种心理效果。

在第 1 章中,我讲过"食其家"店铺安装时钟的原因,其实它的目的也是在追求产生吸引人们视线的心理效果。

那么,您认为"吉野家"的招牌为什么是橙色的呢?

这里有一个坊间有名的传闻。

那是发生在距今半个多世纪前，时任"吉野家"社长的松田瑞穗先生考察美国餐饮企业时的事情。

"那个橙色的屋顶是什么呢?"

松田先生当时正驱车行驶在广袤大地上，**他的目光被牢牢吸引到前方大约 1 公里处的一个鲜艳的橙色屋顶上**。

松田先生所看到的，是一家名为"Howard Johnson"的咖啡店的屋顶。

"好，就是这个了! 吉野家的招牌也用橙色吧!"

松田先生激动地拍着大腿，据说就是在那一瞬间，他决定把吉野家的招牌变成橙色。

暖色系的橙色，具有刺激食欲和让人心情变得明朗的积极的心理效果。

在众多竞争对手店铺鳞次栉比的繁华街上，"吉野家"招牌处于非常有利的地位，让人远远地就能看到，醒目得让人眼前一亮，食欲被勾起，并给人留下积极的印象。

在明治时代的筑地，作为牛肉盖饭的个体商店而诞生的"吉野家"，克服了关东大地震

在繁华街上以格外引人注目的橙色招牌作为记号的"吉野家"

164

和东京大空袭的难关，填满了日本高速成长时期的劳动者的胃，并一跃成为规模庞大的牛肉盖饭连锁店，促使这一切实现的巨大契机，就是这块橙色的招牌。

在我 20 多岁初出茅庐的时候，我所在的设计事务所也曾从事过"吉野家"的设计，我感到自己与这块橙色招牌有着不解之缘。每次看到橙色招牌时，我都会想这是一眼彰显"吉野家"存在的超凡色彩。

出乎意料，对"黑色吉野家"感兴趣的潜在客层是谁？

　　"吉野家"近年来也在各地推出了以黑色而不是橙色为基调的"黑色吉野家"。这个"黑色吉野家"在电视和网络上都引起了人们的热议，它不仅是看板从橙色变成了黑色，还更新了空间设计，更加强调舒适感。以"C&C（烹饪和舒适）"为理念的样板店就这样诞生了。

　　"黑色吉野家"一号店开设在东京惠比寿，是在我参与设计前的 2017 年。

　　先后担任过株式会社吉野家控股集团的社长和会长的"牛肉盖饭先生"——安部修仁先生提出要把店铺打造得更好，并要求委托外部设计师来负责。

　　鉴于此，从吉野家的兼职员工一步步爬到顶层的现任吉野家控股集团的董事长兼社长的河村泰贵先生表示："希望能改成让员工可以高效工作的设计。希望能来一场更吸引年轻受众的设计改革。"并亲自点名由我来设计。

　　我在演示表现吉野家历史的视频后，河村社长和高管们都

非常感动，并表示"我们想拜托非常熟悉牛肉盖饭店的大西君
来设计'黑色吉野家'"。

"黑色吉野家"是对于拥有众人皆知的象征性色彩的"橙色
吉野家"的一种具有挑战性的实验性质的存在。

我思考的是，如果要改变，就索性打造成**让每个人都大吃
一惊的设计，"咦？这个就是那个吉野家！？"**

我在"黑色吉野家"中引入了工业设计的元素。

墙壁和天花板以米白色为基调，重点突出黑色铁材料的物
品。通过搭配木材内饰、绿色这样柔和色调的针织饰品，设计
成咖啡馆一样的氛围。

如果只看店内照片，没有人第一反应会认为这是吉野家吧。

当四周变暗时，橙色 logo 标志和白色文字的店名就会在黑
色背景招牌的衬托下，清楚地浮现在周围的夜景中，更加具有
视觉上的冲击力。

目前，"黑色吉野家"已经进驻到日本全国约 30 个地方，成
为各地的热门话题，并计划今后进一步增加。

媒体和社交网络对于"黑色吉野家"的反应各种各样。

"那个吉野家摇身一变，像时尚咖啡馆一样了！"

"它比那附近的咖啡馆品质都高！"

"连蛋糕和饮料吧台都有！"

"每个座位都有 USB 接口和插座，Wi-Fi 也非常快！"

等等，在以年轻男女为主的目标客群中大获好评。

令人惊讶的是，**之前没有设定为目标客群的60 到 70 岁年龄层的年长女性也喜欢到店**。与年青一代不同，由于这一年龄段的女性对于进入牛肉盖饭连锁店有抵触感，所以她们不是传统吉野家的用户。

"黑色吉野家"成了很多年长女性个人对吉野家的初次体验。其实她们一直都在心中怀有想要在吉野家尝尝看的需求，是吉野家的潜在顾客。

除了年长女性外，之前没有出现过的女性顾客的独自用餐和点外卖的情况也在增加，"黑色吉野家"获得了很高的收益。

同样是吉野家连锁店，**通过彻底改变招牌颜色和店铺空间设计，成功地产生了挖掘潜在顾客需求的派生性效果**。

"黑色吉野家"之所以像这样成为热门话题并取得成功，也正是因为"橙色吉野家"的知名度已经渗透到日本全国各地。我认为，"黑色吉野家"与后者构成了鲜明对比，并因其意外之处而脱颖而出。它是蕴含着一种未知力量的存在，它还拥有无限的可能，或许将继续进阶。

照片上："吉野家　川口柳崎店"。店内以白色为基调，随处可见工业设计品位。

左："吉野家　大井街西口店"。在与"橙色吉野家"不同的高雅风入口处，很多人前来拍照打卡。

下："吉野家　柏东口店"的店内一景。很多顾客看到咖啡馆一样的店内装修设计感到很惊讶。

我认为，关键是要具有一种**勇于突破自我品牌形象藩篱的创新挑战精神**，而不是一味地在原有品牌形象上固步自封，以为"既然都规定采用橙色了，其他颜色就不再考虑"。

COLUMN
开业第1年的"黄金期"要赚出10年份的营业额

连锁店刚进驻地方城市时，开业首日一定会在门前排起长龙。

身居大城市的人每天都会在车站附近看到的店铺，如果到了其他地方城市，可能连一家都没有，所以在地方城市一开业时，人们就会如潮水般一下子涌来。

"听说这次要开业的购物中心里有'denver-premium'进驻呢！"

"是吗？那我可要去看看！"

购物中心等在地方城市开业前，会发出开店通知，所以事先会成为热门话题。

我经常参加自己设计的店铺的开业仪式，无论在哪一家，都看到了店铺开门前排起长龙的情景。有时，火爆程度之甚，长长的队伍甚至一直排到了最近的车站大楼里。

"既然有这么多人排队，一定很好吃。我也排着吧。"

看到排队的人一个个跟着排在后面，并且在社交网络上口口相传，"我打卡了那家网红店！""我吃了这个！"等等，信息扩散开来，那家店的关注度会越来越高。

由此看出，店铺首次进驻地方城市时，在开业后的一段时间内门前排队的人会络绎不绝。

不过，这长龙并不会永远持续下去。

开业后的首个月份里，即使营业额超过2000万日元，几个月过去以后，随着话题关注度的消失，营业额会逐渐下滑。等到了1年以后，曾经的长龙就会像幻觉一样不见踪影。

换句话说，当连锁店进驻地方城市时，最赚钱的时期就是开业第一年。

呱呱坠地出生后的1年里，就是一家店铺最大的"黄金期"。

因此，趁着开业的泡沫还未消失、排队长龙络绎不绝之际，要以最完美的待客之道牢牢地攥住顾客的心，培养回头客。

为此，采用本书前面介绍过的"土酷"设计，打造不会令顾客感到压力的店铺是不可或缺的。

在开业第一年如果能取得10年份的营业额，就可以快速收回初始投资的开店成本，从而减轻因每月固定成本的沉重压力而陷入经营困境的风险。

开连锁店的话，请务必在开业第一年分出胜负来。

第 5 章

"土酷"地立于不败之地！

"土酷"编织出具有多样性的未来

虽然我在前面从不同的角度论述了打造旺铺的空间设计要点,但在新冠肺炎疫情肆虐之下,全世界正面临着前所未有的危机,在此背景之下,店铺设计领域也被迫迎来重大的变革。

比如,在书中第 80 页介绍过的 "幽灵餐厅" 和 "云厨房",如果今后进一步发展,实体店铺将逐渐失去存在的必要。

此外,当在线饮酒会的形式逐渐成为常态后,人们在饭店用餐饮酒的机会也将随之减少。

这样一来,店铺的空间设计概念本身也会发生巨大的变化。

传统的设计价值观和方法论将不再适用,这迫使我们在店铺设计领域开展一场新的变革。

"这种设计已经过时了,太土了。"

"空间设计就应该这样。"

"这是咱们公司的规矩,所以必须这样设计。"

但现在已经不再是被这种约定俗成的传统观念所束缚的

时代。

如果不能紧跟时代发展变化的脚步，墨守成规、一成不变地固守旧有的价值观和技术经验，是绝对无法存活下来的。

比如，不再是"既然红色受欢迎，那就都选红色好了"，而是"那家店红色合适，这家店还是黑色的好"。

必须像上面这样，具体问题具体分析，认真面对和思考。

因为答案绝非只有一个，所以需要具备一种灵活变通和多元化的思维方式。

我所提倡的所谓"土酷"是一种设计态度，它承认这种多样性。

在第 85 页中，我讲到所谓的"土酷"，它与将相互对立的概念在更高层次加以统一后运用的哲学概念是相通的，但重要的并不仅仅是外观上的设计和一些雕虫小技，而是将这两者背后最基本的设计理念都囊括在内的一种整体设计思路。请一定不要搞错。

在本章中，我将探讨在即将到来的这个时代里店铺设计的各种可能性，包括连锁店、个人店铺在内，并将随机为您介绍一些创意，或许可以给您带来一些有商业利用价值的启发。

"喂，生啤酒1000日元"也是"店铺的门面"

"喂，生啤酒"······1000 日元（不含税）

"来一瓶生啤酒"······500 日元（不含税）

"劳驾请给我一瓶生啤酒"······380 日元（标价）

2018 年，在东京神田等地的"大众和牛酒场煸炉家"的店铺入口处，张贴着这样一则告示，一时之间引发了人们的关注。

"顾客不是上帝。此外，本店员工也不是顾客的奴隶。"

告示上还写了上面这样的话。

这是来自店方的一则充满了讽刺意味的留言，由此可见对店员采取傲慢态度的人是如此之多。这虽然是个多少有些破釜沉舟的方法，但这样一来，看到店铺门口张贴的告示内容后，顾客会立即感受到店家那毅然决然的待客态度。

在日本，"顾客是上帝"是被视为理所当然的，上面这种留言反而成了热门话题。事实上，这家店铺的照片已经在社交网络上传播开来，而且还上了电视新闻。我曾在前面讲过"入口是店铺的门面"，这种留言也是"店铺的门面"。

保持店铺清爽时尚的外观固然重要，**但有时需要将店方的信息以一种视觉形式，强有力地传达给顾客**。

我在自己经营的店铺入口处张贴出防疫对策海报，还立起一个写有"外带 OK"字样的招幌，这些都是为了在视觉上向顾客呼吁"我们是一家让人放心和有安全感的店铺"。

我认为，在今后的时代，通过对运用了数字技术的平面显示和投影映射等设备的应用，可以采用更加洗练的形式向外界传达店铺的信息。

正因为是连锁店，才能做到大胆冒险

常听人说："连锁店看起来都一样，很无聊。"

然而，我经手设计过的海量店铺在设计上各有千秋。

即使店铺名称和 logo 标志相同，我也会根据选址和目标客群的不同，而对店铺的布局和规格相应地做出细致的调整。

我认为，在今后的时代，或许需要像 "黑色吉野家" 那样更加果断地进行布局和挑战。必须更加努力地追求独特性，而不是满足于现有的人气店铺的设计风格，否则会被新时代的发展潮流淘汰。

下面，我想以我在中国香港打造的 "味千拉面" 为例，谈谈连锁店的原创设计。

发源于熊本的 "味千拉面" 是拉面连锁店，以总店所在的熊本市为中心，经营有约 60 家分店。

另一方面，在拉面是主场的中国，"味千拉面" 甚至被称为 "中国人的国面"，在中国很受欢迎。目前，"味千拉面" 在中国香港全境有近 800 家分店，而且其分店已经遍布世界各地。

我所接受的委托是位于中国香港繁华街的一家"味千拉面"，这条繁华街已经成为香港的旅游景点，很受年轻人的欢迎。

在通常情况下，每当去旅游景点时，人们总会想要去品尝一些当地的特色小吃，应该很少有人想要吃他们平日里司空见惯的食物。旅游是一种非日常的体验，但对于中国内地和香港人而言，品尝国面"味千拉面"是一种日常体验。

于是，我采用了**一种具有近未来感的设计**，让熟悉"味千拉面"的当地人都**不可置信地睁大双眼发出疑问："咦!？这就是那个'味千拉面'吗？"**

自 2016 年以来，我一直在担任"味千拉面"的设计顾问，但中国内地和香港的常规式"味千拉面"的店铺设计，是以红色和黑色为基调，营造出一种沉稳庄重的氛围。

当然，在不同的区域，设计风格也各不相同，但具有近未来感的设计风格的"味千拉面"却全世界独此一份。

在众多具有吸引力的餐饮店鳞次栉比的繁华街上，我认为，更**需要采用一种意想不到的设计，以供作为目标受众的年轻人选择**。

于是，我在店铺的入口处采用巨大的罗马字母而不是汉字来显示店铺名称，给人留下全然不同于其他"味千拉面"的深

"味千拉面"中国香港店的入口。
在整面玻璃墙的店铺入口前,一连几天都排着长龙。

与标准的"味千拉面"全然不同地充满着近未来感设计的中国
香港店。

刻印象。

此外，我将店铺入口处设计成一面玻璃墙的样式，可以从店外一览无余地看到店内环境，并大胆地采用了形象色彩的红色，将红色的线条和霓虹灯点缀到天花板和墙壁上，只要人们从店铺门前经过就能注意到。

当从一面玻璃墙的入口处往店里张望时，会呈现出好像是近未来科幻电影中的一幕场景，我追求的就是这样的效果。

结果，从开业的第一天起，店铺门口就被围得水泄不通，来门前打卡拍照的人流络绎不绝。当地人司空见惯的"味千拉面"竟成了**旅游景点之一**。

越是人们耳熟能详的知名度高的连锁店，只要打造出令人感到意外之处，就越会成为热门话题，并由此增添新店铺的附加值。

通过灵活布置不受现有规则约束的店铺，店铺的品牌形象也会随之提升。

各地连锁店的线上饮酒会

人们担心，受疫情影响，家庭饮酒和线上饮酒会的次数将增加，餐饮店用户的数量今后可能会越来越少。

我每天都在思考，是否能够反过来利用这种情况来提供相应的服务。

比如，酒馆连锁店创建 "线上饮酒机制" 怎么样？参与者坐在离家最近的酒馆连锁店里安装的在线屏幕前，与其他参与者把酒言欢，尽享相同的美味佳肴。

这样的话，就可以与全国各地的伙伴们轻松地享受饮酒会的快乐，同时又避免了人流密集。

人们在线上饮酒会，当网络连接不畅时会感到压力，但如果去店里，立即就会与对方联系上，也就会从这种压力中解放出来。

此外，即使彼此相隔也能身处同一风格的室内装饰空间的话，会产生一种似乎身处同一空间的连带感。根据计划改变室内装饰的氛围，由此还可以营造出奢华感和高级感。

进一步而言，即使彼此相隔，也可以分享相同的菜肴，

"这个土豆沙拉是不是特别好吃？"

"嗯嗯，里面配料很多，真是美味呢！"

"那个陶壶炖菜，趁热吃才好！"

"那我就马上开吃吧！"

像这样，你一言我一语地越发气氛热烈。

如果是线上音乐会，可以一边享受一边分享彼此的回忆。

如果从预约到结算都能通过线上进行，还可以省去各人平摊费用的麻烦。

正是因为同一家酒馆连锁店遍布日本各地，这种服务才得以成立。

随着时代的变化，重新创造满足顾客需求的服务，由此能使餐饮连锁店铺的未来朝着积极的方向发展。

虚拟体验消费的未来

人们都说，今后的时代，不是售卖物品，而是"售卖体验的时代"。

阿里巴巴集团公司曾委托我为中国杭州的一家百货店进行店铺设计。

我给出的设计方案，不是在店内排列展示商品的传统楼层设计，而是**将展示商品缩减到原来的十分之一的虚拟楼层设计**。

比如，假设一位女性顾客前来购买泳衣。

在这一楼层里，一整面墙上都在播放着身着各种泳装商品的模特的视频，顾客一边观看，一边选择自己喜欢的泳衣。

店员从商品库存间内选择适合这位女性尺寸的泳衣，并引导这位女性去试衣间。

打开仿佛度假村酒店房间一样的试衣间的门后，呈现在眼前的是蔚蓝的海水，一望无际的白色沙滩。

海豚在海里游泳，椰子树叶在头顶上摇曳。

眼前一整面墙的海滩影像和耳边传来的令人心旷神怡的阵

阵海浪声，此情此景之下，顾客的心情已经完全沉浸在度假村的氛围之中。

在试衣间的一角，有一个像酒店一样的壁橱，里面放有精心挑选好的时尚的旅行箱、遮阳帽和太阳镜等关联商品。

当然，顾客可以挑选喜欢的商品和泳衣一起购买。

此外，在紧挨着试装镜的触摸屏幕中，滚动播放的是夏威夷和马尔代夫等世界各地的度假村影像和旅行信息，只要用手点击感兴趣的信息，就可以直接在线预约。

您觉得这种体验如何？

可以边试穿泳衣边模拟度假体验，如果喜欢，还可以购买从泳衣到旅行用的所有物品。

当然，我们是有血有肉的人类，并不是凡事都只要选择虚拟就好，仅凭试衣间的设计就能影响消费者的购买内容，因此必须采取烘托气氛的真实空间设计。

虽然这个想法目前还尚未实现，但我预测，**在不远的将来，这种体验型消费将走进我们的生活**。

正由于我们身处于经济萎缩的后疫情时代，才更需要这种不为传统常识所束缚的大胆创新的店铺设计手法。

在小学二年级时，我立志成为一名设计师

最后，想谈谈我是如何成为日本经手连锁店设计第一多的设计师的历程。

我 1978 年出生于兵库县神户市。当我还是个孩子的时候，住在父亲老家乡下的一所大到可以捉迷藏的房子里，而我当时认为自己家房子大是很正常的事。

但在我读小学二年级时，由于家庭原因，我搬到了 2LDK（译者注：相当于中国的两室一厅）的房子。在搬家之前，我一直都有属于自己的房间，但突然间就和弟弟住在同一个房间里，我感到非常震惊。

就在这时，我偶然有机会去朋友家玩并留下过夜，朋友的父亲早餐时为我做了美味的热三明治。我父亲夜班很多，早上几乎不在家，所以我感到很惊讶，别人的父亲竟然从早上开始就给我做这么时髦的早餐。

朋友的爸爸到底是干什么的呢？

我好奇地问朋友的母亲，她告诉我说是"设计师"。

"嘿，设计师是做什么的？"

"是构思住宅和各种建筑的造型，并画图的人。"

"原来是这样！我想建造一个属于自己的房间，所以我要成为一名设计师！"

我之所以从小就立志成为一名设计师，正是出于这个天真的理由。

为了成为向往的设计师，我选择了一条最短路径，先是进入职业高中的建筑系学习，毕业后在一家建筑公司工作，边实干边朝着设计师的方向努力。我认为与在大学学习建筑相比，这样可以尽早从事现场的工作。我在高中念书的时候，也一直在建筑工地和工匠们一起做兼职工作，所以我从十几岁起就一直在工地上锻炼。

高中毕业时正赶上就业困难时期，但我很幸运地在神户的三大综合建筑公司找到了一份工作。于是，在从事施工现场的监督工作的同时，我为了获得资格证努力学习，21 岁时，我获得了建筑师执照，成为向往已久的设计师。

然而，好景不长，还不到三年，就遭遇了公司破产……

"之前一直都是有赖公司的名声才得以有工作机会，公司消失了，个人就无能为力了。你早晚得靠自己的双脚站起来！"

那时，我在自己的内心深处坚定地发誓。

当时，我才 21 岁，我的优势是，会使用 CAD（计算机辅助设计软件），还会绘制图纸，并非常了解建筑行业的业务领域。

只是，由于我没有设计师的实践经验，所以在一家设计事务所找到了一份工作，在那里才第一次真正开始了从小学二年级起就向往的设计师工作。

然而，设计师的工作与理发师的学徒助理相类似，年轻时只能被上级要求去做一些杂事。

"请务必让我参与设计！"

我执拗地在上司面前积极表现自己，终于获准参与了"MOS BURGER"的设计。

当时，"中卯"连锁店还隶属于"MOS FOOD SERVICES"旗下，我被委任负责大阪昭和町店的"中卯"的设计。这是我在书中第 130 页介绍的面积仅为 20 坪的店铺。我任职的设计事务所当时的经营范围，涵盖了从高级公寓等大型房地产到以"吉野家"为代表的连锁店的店铺设计等诸多设计业务，所以我被委任了其中体量最小的店铺设计工作。

第一次被委任设计工作，多年梦想终于得以实现，我摩拳擦掌跃跃欲试，然而现实却是，本来就很小的店铺，里面还有楼梯，由此导致给顾客的就餐空间几乎没留多少富余。

"嗯……为了保证餐位数量，只能将后厨空间设计得更加紧凑才行。这意味着，后厨设计必须便于后厨员工的操作顺畅……"

我绞尽脑汁地思来想去，最终决定不按常理出牌，走了一着险棋。

那就是，在尽量不影响后厨功能的同时，将后厨部分比常规面积足足缩小了 60%。我想，如果是经验丰富的设计师，恐怕绝不会提出这样的突发奇想，反倒是像**我这样从业资历尚浅的人，脑中才会没有所谓"必须这样设计"的定性思维**。

结果，这着险棋非常奏效，不仅提高了后厨员工的工作效率，同时营业额实现了增长，也因此赢得了店方的感谢。这件事后来成为我设计师生涯的一大重要契机，我被委以重任，承担了以日本西部为中心展开连锁业务的"中卯"店的设计工作。

通往跻身日本连锁店设计数量排名第一的设计师之路

"来吧,从现在开始,我会尽我最大的努力做好设计师的工作!"

当我立下豪言壮志时,我任职的设计事务所的社长不幸病倒了,并毫无预兆地突然关闭了事务所,我在 23 岁时又失业了。

走投无路之下,我天天泡在游戏厅里,直到有一天我接到一位"中卯"高管的电话。当初在设计"中卯"店铺时,对方曾经关照过我。他之前一直从事"吉野家"和"MOS BURGER"的店铺开发工作,是连锁业界的老手。当初正是他传教给我狭窄的店铺和带楼梯的店铺不会成为旺铺的经验。

"大西君,一起吃个饭怎么样?"

事实上,吃饭只是一个借口,目的是让我接受时任"中卯"社长的面试。

那时我只有 24 岁,是留着一头金色长发的青涩后生,但社长在面试后这样对我说道:

"我想雇用大西君，薪水就按你开的价支付。"

真是鹤鸣一声，一锤定音。与同龄人相比，我非常幸运地被破格支付高薪录用了。

当时，"中卯"刚刚上市不久，并计划今后再开 1000 家分店。

我全权负责在日本西部的"中卯"店铺开张事宜，在三年内共经手了约 500 家店铺的设计工作。

然而，在我 27 岁时，"中卯"被餐饮连锁行业巨头"ZEN-SHO"（现为株式会社 ZENSHO 控股集团）收购，我随之调入 ZENSHO 的集团公司。在那之前，"ZENSHO"旗下的"食其家"一直都是"中卯"的竞争对手。

虽然心情感觉有点复杂，但从那天起，我以每年超过 100 家店铺的设计速度参与了从"食其家"开始、到"COCO'S"和"Big Boy"等由 ZENSHO 运营的连锁店的设计监理工作。

2007—2009 年，正是日本第二次餐饮热的鼎盛时期，在日本全国各地，各种不同形式的连锁店的数量急剧增加。

随着整个连锁店行业以惊人的速度不断成长，**我一边积累经验，一边朝着连锁店设计的数量日本第一的方向，奋力地向前奔跑**。

只是，从我 21 岁失业那天起，我就下定决心"早晚有一天要独立出去，靠自己的双脚站立"，所以我于 2010 年独立创业，在兵库县的芦屋市成立了 OLL DESIGN 株式会社。

创业初期的成员仅包括作为设计师的本人在内，还有平面设计师 1 人和效果图制作者 1 人，总共 3 个人，即人数少的精锐部队。通常，设计事务所会将平面设计和透视图制作都外包出去，但我认为，快速将设计图形呈现出来的专业人士，对于设计公司而言至关重要。

既然已经独立单干，就不能再依赖前东家的关系网，只能从零开始一步一个脚印踏踏实实地开疆拓土。从个人店铺到百货店和购物中心，再到银行，从事设计的工作范围和内容越来越丰富。

虽然公司运营并非从开始就一帆风顺，但十年后的现在，我们已经拥有了 9 名建筑设计师，并参与了国内外各种项目的设计工作。连眼下，我们仍然致力于参加大型回转寿司连锁店和大型拉面连锁店的大型设计竞赛。

今后，我将不再只局限于店铺设计的领域，而是不断挑战那些未曾经手的设计工作，同时将继续对"土酷"设计既"土"又"酷"的手法探究下去。

结　语

────────

当我还是个孩子的时候，就憧憬着成为一名设计师，自那时起已经过去 21 年了。我在持续设计海量店铺的同时，有一种坐过山车似的感觉，一路在山路和斜坡上疾驰而来。

其间，我得到了来自各方友人的大力协助，由此我才得以一路走到今天。从我的发小到上班期间照顾过我的各位人士，再到我独立单干后委托我设计的国内外客户等，如果逐一列出每个人的名字，恐怕整个页面会被填满，所以请恕我冒昧，借此机会向各位支持和帮助过我的人表示深深的谢意。

多亏了各位友人的热切关注和鼎力支持，我才得以成长为"日本第一的连锁店设计师"。

"大西君设计连锁店真的很厉害啊。"

事实上，我本人完全没有觉得自己在连锁店设计方面有任何过人之处。当我与在海外考察期间结识的时任莎都餐饮集团（sato restaurant systems）株式会社的会长重里欣孝交谈时，被他这样夸赞，我才第一次意识到自己所具有的优势。

当然，连锁店设计听起来简单，实际情况却千差万别。勇于直面问题，结合实际去逐一应对，脑海中浮现起在那家店里工作的员工和前来光顾的顾客们灿烂的笑容，我呕心沥血绞尽脑汁，为了给他们创造一个更舒适的空间而不断地向前迈进。

这一切都是我无法替代的财富与宝藏。

本书为您介绍的事例和创意想法都是我多年积累的财富与宝藏，如果能助各位在打造店铺时一臂之力，我会感到无上荣幸。

目前，我已经扩大了业务活动范围，包括为神户市的城市发展做相关的工作，以及在职业学校授课等。今后我将不拘泥于特定的业务类型，继续接受各种各样的挑战。我不能满足于眼前的成绩，而是想不断地去追求打破陈规的设计和创意手法。

今后我将继续向世界传达令人眼前为之一亮的"土酷"设计之美，敬请各位期待！拙文承蒙御览，深表感谢。如果本书能帮助那些仍在疫情危机中努力拼搏的人士燃起新的希望和力量，我将深感荣幸。

2020 年 9 月　大西良典

关于"服务的细节丛书"介绍：

东方出版社从 2012 年开始关注餐饮、零售、酒店业等服务行业的升级转型，为此从日本陆续引进了一套"服务的细节"丛书，是东方出版社"双百工程"出版战略之一，专门为中国服务业产业升级、转型提供思想武器。

所谓"双百工程"，是指东方出版社计划用 5 年时间，陆续从日本引进并出版在制造行业独领风骚、服务业有口皆碑的系列书籍各 100 种，以服务中国的经济转型升级。我们命名为"精益制造"和"服务的细节"两大系列。

我们的出版愿景："通过东方出版社'双百工程'的陆续出版，哪怕我们学到日本经验的一半，中国产业实力都会大大增强！"

到目前为止"服务的细节"系列已经出版 114 本，涵盖零售业、餐饮业、酒店业、医疗服务业、服装业等。

更多酒店业书籍请扫二维码

了解餐饮业书籍请扫二维码

了解零售业书籍请扫二维码

"服务的细节" 系列

《卖得好的陈列》：日本"卖场设计第一人"永岛幸夫

定价：26.00 元

《为何顾客会在店里生气》：家电卖场销售人员必读

定价：26.00 元

《完全餐饮店》：一本旨在长期适用的餐饮店经营实务书

定价：32.00 元

《完全商品陈列 115 例》：畅销的陈列就是将消费心理可视化

定价：30.00 元

《让顾客爱上店铺 1——东急手创馆》：零售业的非一般热销秘诀

定价：29.00 元

《如何让顾客的不满产生利润》：重印 25 次之多的服务学经典著作

定价：29.00 元

《新川服务圣经——餐饮店员工必学的 52 条待客之道》：日本"服务之神"新川义弘亲授服务论

定价：23.00 元

《让顾客爱上店铺 2——三宅一生》：日本最著名奢侈品品牌、时尚设计与商业活动完美平衡的典范

定价：28.00 元

《摸过顾客的脚才能卖对鞋》：你所不知道的服务技巧，鞋子卖场销售的第一本书

定价：22.00 元

《繁荣店的问卷调查术》：成就服务业旺铺的问卷调查术

定价：26.00 元

《菜鸟餐饮店 30 天繁荣记》：帮助无数经营不善的店铺起死回生的日本餐饮第一顾问

定价：28.00 元

《最勾引顾客的招牌》：成功的招牌是最好的营销，好招牌分分钟替你召顾客！

定价：36.00 元

《会切西红柿，就能做餐饮》：没有比餐饮更好做的卖卖！ 饭店经营的"用户体验学"。

定价：28.00 元

《制造型零售业——7-ELEVEn 的服务升级》：看日本人如何将美国人经营破产的便利店打造为全球连锁便利店 NO. 1！

定价：38.00 元

《店铺防盗》：7大步骤消灭外盗，11种方法杜绝内盗，最强大店铺防盗书!

定价：28.00元

《中小企业自媒体集客术》：教你玩转拉动型销售的7大自媒体集客工具，让顾客主动找上门!

定价：36.00元

《敢挑选顾客的店铺才能赚钱》：日本店铺招牌设计第一人亲授打造各行业旺铺的真实成功案例

定价：32.00元

《餐饮店投诉应对术》：日本23家顶级餐饮集团投诉应对标准手册，迄今为止最全面最权威最专业的餐饮业投诉应对书。

定价：28.00元

《大数据时代的社区小店》：大数据的小店实践先驱者、海尔电器的日本教练传授小店经营的数据之道

定价：28.00元

《线下体验店》：日本"体验式销售法"第一人教你如何赋予O2O最完美的着地!

定价：32.00元

《医患纠纷解决术》：日本医疗服务第一指导书，医院管理层、医疗一线人员必读书！ 医护专业入职必备！
定价：38.00 元

《迪士尼店长心法》：让迪士尼主题乐园里的餐饮店、零售店、酒店的服务成为公认第一的，不是硬件设施，而是店长的思维方式。
定价：28.00 元

《女装经营圣经》：上市一周就登上日本亚马逊畅销榜的女装成功经营学，中文版本终于面世！
定价：36.00 元

《医师接诊艺术》：2 秒速读患者表情，快速建立新赖关系！ 日本国宝级医生日野原重明先生重磅推荐！
定价：36.00 元

《超人气餐饮店促销大全》：图解型最完全实战型促销书，200 个历经检验的餐饮店促销成功案例，全方位深挖能让顾客进店的每一个突破点！
定价：46.80 元

《服务的初心》：服务的对象十人百样，服务的方式千变万化，唯有，初心不改！
定价：39.80 元

《最强导购成交术》：解决导购员最头疼的 55 个问题，快速提升成交率！
定价：36.00 元

《帝国酒店——恰到好处的服务》：日本第一国宾馆的 5 秒钟魅力神话，据说每一位客人都想再来一次！
定价：33.00 元

《餐饮店长如何带队伍》：解决餐饮店长头疼的问题——员工力！ 让团队帮你去赚钱！
定价：36.00 元

《漫画餐饮店经营》：老板、店长、厨师必须直面的 25 个营业额下降、顾客流失的场景
定价：36.00 元

《店铺服务体验师报告》：揭发你习以为常的待客漏洞　深挖你见怪不怪的服务死角　50 个客户极致体验法则
定价：38.00 元

《餐饮店超低风险运营策略》：致餐饮业有志创业者 & 计划扩大规模的经营者 & 与低迷经营苦战的管理者的最强支援书
定价：42.00 元

《零售现场力》：全世界销售额第一名的三越伊势丹董事长经营思想之集大成，不仅仅是零售业，对整个服务业来说，现场力都是第一要素。
定价：38.00 元

《别人家的店为什么卖得好》：畅销商品、人气旺铺的销售秘密到底在哪里？ 到底应该怎么学？ 人人都能玩得转的超简明 MBA
定价：38.00 元

《顶级销售员做单训练》：世界超级销售员亲述做单心得，亲手培养出数千名优秀销售员！ 日文原版自出版后每月加印 3 次，销售人员做单必备。
定价：38.00 元

《店长手绘 POP 引流术》：专治"顾客门前走，就是不进门"，让你顾客盈门、营业额不断上涨的 POP 引流术！
定价：39.80 元

《不懂大数据，怎么做餐饮？》：餐饮店倒闭的最大原因就是"讨厌数据的糊涂账"经营模式。
定价：38.00 元

《零售店长就该这么干》：电商时代的实体店长自我变革。
定价：38.00 元

《生鲜超市工作手册蔬果篇》：海量图解日本生鲜超市先进管理技能
定价：38.00 元

《生鲜超市工作手册肉禽篇》：海量图解日本生鲜超市先进管理技能
定价：38.00 元

《生鲜超市工作手册水产篇》：海量图解日本生鲜超市先进管理技能
定价：38.00 元

《生鲜超市工作手册日配篇》：海量图解日本生鲜超市先进管理技能
定价：38.00 元

《生鲜超市工作手册副食调料篇》：海量图解日本生鲜超市先进管理技能
定价：48.00 元

《生鲜超市工作手册 POP 篇》：海量图解日本生鲜超市先进管理技能
定价：38.00 元

《日本新干线 7 分钟清扫奇迹》：我们的商品不是清扫，而是"旅途的回忆"
定价：39.80 元

《像顾客一样思考》：不懂你，又怎样搞定你?
定价：38.00 元

《好服务是设计出来的》：设计，是
对服务的思考
定价：38.00 元

《让头回客成为回头客》：回头客才
是企业持续盈利的基石
定价：38.00 元

《餐饮连锁这样做》：日本餐饮连锁
店经营指导第一人
定价：39.00 元

《养老院长的 12 堂管理辅导课》：
90%的养老院长管理烦恼在这里都能
找到答案
定价：39.80 元

《大数据时代的医疗革命》：不放过
每一个数据，不轻视每一个偶然
定价：38.00 元

《如何战胜竞争店》：在众多同类型
店铺中脱颖而出
定价：38.00 元

《这样打造一流卖场》：能让顾客快
乐购物的才是一流卖场
定价：38.00 元

《店长促销烦恼急救箱》：经营者、
店长、店员都必读的"经营学问书"
定价：38.00 元

《餐饮店爆品打造与集客法则》：迅速提高营业额的"五感菜品"与"集客步骤"
定价：58.00 元

《赚钱美发店的经营学问》：一本书全方位掌握一流美发店经营知识
定价：52.00 元

《新零售全渠道战略》：让顾客认识到"这家店真好，可以随时随地下单、取货"
定价：48.00 元

《良医有道：成为好医生的 100 个指路牌》：做医生，走经由"救治和帮助别人而使自己圆满"的道路
定价：58.00 元

《口腔诊所经营 88 法则》：引领数百家口腔诊所走向成功的日本口腔经营之神的策略
定价：45.00 元

《来自 2 万名店长的餐饮投诉应对术》：如何搞定世界上最挑剔的顾客
定价：48.00 元

《超市经营数据分析、管理指南》：来自日本的超市精细化管理实操读本
定价：60.00 元

《超市管理者现场工作指南》：来自日本的超市精细化管理实操读本
定价：60.00 元

《超市投诉现场应对指南》： 来自日本的超市精细化管理实操读本

定价： 60.00 元

《超市现场陈列与展示指南》

定价： 60.00 元

《向日本超市店长学习合法经营之道》

定价： 78.00 元

《让食品网店销售额增加 10 倍的技巧》

定价： 68.00 元

《让顾客不请自来！ 卖场打造 84 法则》

定价： 68.00 元

《有趣就畅销！ 商品陈列 99 法则》

定价： 68.00 元

《成为区域旺店第一步——竞争店调查》

定价： 68.00 元

《餐饮店如何打造获利菜单》

定价： 68.00 元

《日本家具 & 家居零售巨头 NITORI 的成功五原则》
定价： 58.00 元

《咖啡店卖的并不是咖啡》
定价： 68.00 元

《革新餐饮业态： 胡椒厨房创始人的突破之道》
定价： 58.00 元

《餐饮店简单改换门面， 就能增加新顾客》
定价： 68.00 元

《让 POP 会讲故事， 商品就能卖得好》
定价： 68.00 元

《经营自有品牌： 来自欧美市场的实践与调查》
定价： 78.00 元

《卖场数据化经营》
定价： 58.00 元

《超市店长工作术》
定价： 58.00 元

《习惯购买的力量》
定价: 68.00 元

《7-ELEVEn 的订货力》
定价: 58.00 元

《与零售巨头亚马逊共生》
定价: 58.00 元

《下一代零售连锁的 7 个经营思路》
定价: 68.00 元

《唤起感动: 丽思卡尔顿酒店 "不可思议" 的服务》
定价: 58.00 元

《7-ELEVEn 物流秘籍》
定价: 68.00 元

《价格坚挺, 精品超市的经营秘诀》
定价: 58.00 元

《超市转型: 做顾客的饮食生活规划师》
定价: 68.00 元

《连锁店商品开发》

定价： 68.00 元

《顾客爱吃才畅销》

定价： 58.00 元

《便利店差异化经营——罗森》

定价： 68.00 元

《餐饮营销 1： 创造回头客的 35 个开关》

定价： 68.00 元

《餐饮营销 2： 让顾客口口相传的 35 个开关》

定价： 68.00 元

《餐饮营销 3： 让顾客感动的小餐饮店"纪念日营销"》

定价： 68.00 元

《餐饮营销 4： 打造顾客支持型餐饮店 7 步骤》

定价： 68.00 元

《餐饮营销 5： 让餐饮店坐满女顾客的色彩营销》

定价： 68.00 元

《餐饮创业实战1：来，开家小小餐饮店》

定价：68.00元

《餐饮创业实战2：小投资、低风险开店开业教科书》

定价：88.00元

《餐饮创业实战3：人气旺店是这样做成的！》

定价：68.00元

《餐饮创业实战4：三个菜品就能打造一家旺店》

定价：68.00元

《餐饮创业实战5：做好"外卖"更赚钱》

定价：68.00元

《餐饮创业实战6：喜气的店客常来，快乐的人福必至》

定价：68.00元

《丽思卡尔顿酒店的不传之秘：超越服务的瞬间》

定价：58.00元

《丽思卡尔顿酒店的不传之秘：纽带诞生的瞬间》

定价：58.00元

《丽思卡尔顿酒店的不传之秘： 抓住人心的服务实践手册》
定价： 58.00 元

《廉价王： 我的"唐吉诃德" 人生》
定价： 68.00 元

《7-ELEVEn 一号店： 生意兴隆的秘密》
定价： 58.00 元

《餐饮连锁如何快速扩张： 烤串连锁店"鸟贵族" 的经营哲学》
定价： 58.00 元

《不倒闭的餐饮店："一风堂" 创立者经营录》
定价： 58.00 元

《不可战胜的夫妻店： 咖喱店 CoCo 壱番屋》
定价： 68.00 元

更多本系列精品图书，敬请期待！